Malvine von Humbracht

Unverhofft kommt oft - Novelle

Malvine von Humbracht

Unverhofft kommt oft - Novelle

ISBN/EAN: 9783744672177

Hergestellt in Europa, USA, Kanada, Australien, Japan

Cover: Foto ©ninafisch / pixelio.de

Weitere Bücher finden Sie auf **www.hansebooks.com**

Unverhofft kommt oft.

Novelle

von

Luise Ernesti.

———

Leipzig,

Fr. Wilh. Grunow.

1862.

Erstes Kapitel.

Obgleich der Frühling Anfang März des Jahres 1846 am Rheine schon mit starken Schritten herangenaht war und Bäume und Blumen zu knospen und grünen begonnen, so hatte der Winter sich doch gegen Ende des Monats noch einmal in seiner ganzen Strenge gezeigt, die voreilig aufgesproßten Blumen und Blätter erstarrt und den Boden mit dichter Schneelage bedeckt. Es stürmte und schneite am Nachmittage des 24. März so arg, daß die alte Gräfin Wildenfurt, die so leicht kein Wetter scheute, ihren gewöhnlichen Spaziergang unterließ und nachdem sie vom Fenster ihres Wohnzimmers eine Zeit lang auf fallende Flocken geschaut und dem Brausen des Sturmes gelauscht, der die ältesten Bäume ihres Gartens zu brechen drohte, da wandte sie sich fröstelnd ab vom rauhen winterlichen

Bilde, zog die dunkle Sammetmantille fester um die Schultern und nahm in einem bequemen Lehnstuhle dicht am Kamine Platz. Nur kurze Zeit blickte sie auf die knisternden helllobernden Holzstöcke, nur momentan trübte ein Schatten von Kummer den heitern wohlwollenden Ausdruck ihres feingeschnittenen Gesichts; dann schlossen sich ihre Augen und bald war sie so tief und fest eingeschlafen, daß sie weder das rasche Oeffnen der Thür, noch den lauten Schritt eines Mannes hörte, der ihr Zimmer betrat.

Kaum hatte der geräuschvoll Kommende die im Lehnstuhl Ruhende bemerkt, so mäßigte er die Raschheit und Lebendigkeit seiner Bewegungen, schloß leise die Thür, schlich auf den Fußspitzen behutsam zum Kamin und betrachtete mit gespannter Aufmerksamkeit das leicht geröthete Antlitz der Schlafenden. Als er aber eine Weile die gleichmäßigen Athemzüge vernommen, wich der Ausdruck von Unruhe und Besorgniß aus seinen Zügen und flüchtig erhellte ein heiteres Lächeln sein ernstes Gesicht; er ging dann nicht mehr so vorsichtig, wenn auch noch immer mit gemäßigten Schritten durch das Zimmer, öffnete einen hohen mit Büchern angefüllten Schrank, erwählte eines derselben und setzte sich an das Fenster.

Wie eifrig er auch bald las, blickte er doch bei der leiseſten Bewegung der Dame empor und erſt, wenn er ſich immer von Neuem überzeugt, daß ſie nicht erwacht, fuhr er in ſeiner Lectüre fort.

Es war ein hübſches Bild, das die beiden im Zimmer anweſenden Perſonen darboten und zu der Eleganz ihrer äußern Erſcheinungen ſtand ihre ganze Umgebung im paſſendſten Einklange.

Die ſo behaglich und frieblich ruhende Dame, Gräfin Wildenfurt, war ſeit zweiundbreißig Jahren Wittwe und ſeit vier Jahren bewohnte ſie das hübſche freundliche Landhaus, in der Nähe von Bonn, in dem wir ſie finden. Ihre Jugend war weniger frieb- lich geweſen als ihr Alter und frühzeitig hatte ihr das Leben ſeine ernſte Seite gezeigt; mit warmem weichem Herzen war ſie in daſſelbe eingetreten, doch das Bild, das ſie ſo freudig in dieſem Herzen auf- genommen und das ſie als ihr Ideal betrachtet, war ihr von einem unerbittlich harten und ſtrengen Va- ter entriſſen und ſie dazu gezwungen worden, einen Mann zu heirathen, den ſie ebenſo wenig lieben, wie achten konnte. Glanz und Reichthum umgaben die ſiebzehnjährige Frau nach ihrer Verbindung mit Graf Wildenfurt. — Beides blieb ohne Reiz für

1*

ihre einfache Natur und ersetzte ihr nie das verlo=
rene Jugendglück; ihr einziger Trost waren ihre
beiden Kinder und als diese eins nach dem andern
starben, hatte sie nur den Wunsch: „neben ihnen
in dem Grabe zu liegen, von Neuem mit ihnen ver=
eint zu werden!" — Eben so heiß, wie sie aber
nach dem Tode ihres zweiten Töchterchens den Tod
herbeigesehnt, eben so heiß flehte sie zu Gott, „ihr
das Leben zu erhalten," nachdem sie zwei Jahre
später einem Sohne das Leben gegeben. Gott er=
hörte ihre Bitte und er lichtete auch fortan ihr Da=
sein; ihr Knabe, ihre einzige Freude, ihr Stolz und
ganzes Glück, war ein kräftiges Kind; es wuchs
und gedieh, ihr Mann aber, der sie während sechs=
jähriger Ehe nicht allein roh, sondern auch oft ty=
rannisch und unwürdig behandelt, wurde rücksichts=
voller und freundlicher gegen sie, als sie ihm einen
Erben seines Namens und seiner Reichthümer gebo=
ren. Entsagte er auch vielleicht nicht vollständig den
wüsten und wilden Gewohnheiten seines Lebens, so
zwang er seine Frau wenigstens ferner nicht mehr
zur Theilnahme an Festlichkeiten, die als Bachana=
lien geendet, er verschonte seinen Sohn mit jenen
wunderlichen Erziehungstheorien, die er zum Ent=

setzen seiner Gemahlin bei den verstorbenen Töchtern
angewendet, — kurzum, er machte Diejenige, die
er zur Lebensgefährtin erwählt, während der näch=
sten zehn Jahre glücklicher. Ein plötzlicher Tod löste
die Ehe, die stürmisch begonnen und sich im Laufe
der Zeit besser gestaltet. Die Gräfin verließ wenige
Wochen nach dem Ableben ihres Mannes die Resi=
denz und zog sich auf ihre Lieblingsbesitzung, auf
das am linken Rheinufer gelegene Gut Arnau, zurück.
Dort lebte sie nur der Erziehung ihres Kindes, ab=
geschnitten von allem und jedem nähern Verkehr mit
den Menschen. In den ersten Jahren suchten sie
ab und zu frühere Freunde auf; doch als Diese merk=
ten, daß die Wittwe, Wittwe bleiben und keine zweite
Ehe schließen wollte, verließen sie einigermaßen pi=
kirt das herrliche Gut und die hübsche Frau.

Gräfin Wildenfurt sah diesen Aergerlichen noch
ärgerlicher nach, denn sie begriff nicht, daß man sie
der Thorheit fähig gehalten: „noch einmal zu hei=
rathen.“ Als sie älter und ihre Abneigung gegen
die Ehe bekannter wurde, hörten auch jene Ruhe=
störungen auf und sie lebte ferner in einer fast klö=
sterlichen Zurückgezogenheit. In diesem Stillleben
schlossen sich Mutter und Sohn immer fester, immer

inniger aneinander; Beider Schmerz war grenzenlos,
als sie sich zum ersten Male trennten und doch war
diese Trennung keine eigentliche Trennung zu nen=
nen, indem Hugo von Wildenfurt fast täglich von
Bonn aus, wo er studirte, nach Arnau kam. Eine
wirkliche Trennung trat in den Jahren ein, wo der
junge Graf nach beendeter Universitätszeit fremde
Länder bereiste; Anfangs hatte die Mutter ihn be=
gleiten wollen, doch ihr Verstand sagte ihr, wie viel
besser es sei, wenn ein junger Mann unter männli=
chem Schutz in die Welt trete und seine ersten Schritte
nicht von dem ängstlichen Auge einer Frau bewacht
würden. So reiste Graf Wildenfurt denn mit sei=
nem frühern Lehrer und Erzieher und reiste mit
Nutzen. Mit welcher Lust und Seligkeit schloß die
Mutter aber den heißgeliebten Sohn nach vierjähri=
ger Abwesenheit in die Arme! Sie wurde nicht müde
ihn anzuhören und wie stolz sah sie ihn an, mit
welchem Stolze hörte sie ihn an! —

Nicht blos das mütterliche Auge erkannte in
Hugo von Wildenfurt eine sich vor Vielen auszeich=
nende Erscheinung, sondern auch der Unparteiischste
mußte ihm Vorzüge zugestehen, wie sie sich nur sel=
ten in einer Person vereinigen. Ohne Schönheit

der Züge und Form, war er schön durch den durch=
geistigten Ausdruck seines Gesichts, durch die herz=
gewinnende Freundlichkeit seines Benehmens; Alles
einte sich bei ihm, um ihn zu einen liebenswürdigen
Menschen zu machen und er wurde als Jüngling
auch von Allen geliebt, die ihn kannten.

Die Befürchtung seiner Mutter, daß er eine
Carrière erwählen und ihr dadurch wieder von Neuem
entzogen werden könnte, erfüllte sich zu ihrer Freude
nicht; der Graf haßte die militairische Laufbahn in
Friedenszeiten, — zur Diplomatie war er zu wahr
und offen — die Verwickelungen und Verdrehungen
in der Jurisprudenz waren ihm unleidlich und ge=
gen die medicinische Wissenschaft hatte er eben sol=
chen Widerwillen, wie gegen die wechselvollen Chan=
cen des Kaufmannsstandes und die einseitigen Dog=
men der Kirche. — Seine Mutter würde gegen
keine Berufswahl gewesen sein, ja sogar ihre Zu=
stimmung gegeben haben, wenn ihr Sohn hätte
Handwerker werden wollen, sie kannte nur den Ehr=
geiz, ihn glücklich zu wissen, sie hatte nur den
Wunsch, ihn mit seiner Lage und seinen Verhältnis=
sen zufrieden zu sehen.

Glücklich und zufrieden war Hugo von Wilden=

furt durch seine gänzliche Unabhängigkeit. Von einem
glühenden Durste nach fessellosester Freiheit von
frühester Jugend auf beseelt, freute es ihn, sie in
so uneingeschränktem vollem Maaße genießen zu können, wie ihm vermöge seiner günstigen Stellung
in der Welt möglich war. Nichts hemmte ihn, er
konnte thun was ihm gefiel, seiner Mutter war
alles und jedes recht! — Hatte er das Bedürfniß
zu reisen, so war sie trotz der Trauer über die Trennung die Thätigste bei den Vorbereitungen, kam er
heim, so fand er stets ein glückliches Gesicht, ein
ihn treu liebendes Herz. Aus Liebe zu ihm entsagte
sie auch später ihrem Stillleben, um seinen Wünschen zu genügen, suchte sie die Geselligkeit, an der
er Freude fand. — So vergingen mehrere Jahre
in ungetrübter Heiterkeit, gegenseitiger Zufriedenheit
und vollständigem Glücke. Hugo zählte sechsund-
zwanzig Jahre, als er seiner Mutter eines Tages
gestand, von unüberwindlicher Lust ergriffen zu sein,
fremde Erdtheile kennen zu lernen; Gräfin Wildenfurt erschrak, sie hatte geglaubt, ihr Sohn würde
endlich anfangen, sich mit dem Gedanken zu beschäftigen, eine eigene Häuslichkeit zu gründen. Sie
sagte ihm das, und er lachte und meinte, dazu sei

Zeit wenn er heimgekehrt. Die Mutter war mit
der Aussicht zufrieden und der Sohn - reiste! Das
gelobte Land war sein Ziel. Zwei Jahre blieb er
in Asien; als er nach Europa zurückgekommen, war
nicht, wie seine Mutter wähnte, das Vaterhaus der
erste Ort, den er aufsuchte, sondern er begleitete
die englische Familie, die seine Reisegefährten gewesen, nach ihrem Landsitze in Cumberland, und als
sie später den Continent bereiste, blieb er auch in
ihrer Gesellschaft.

Sechs Jahre vergingen, bevor Graf Wildenfurt
in die Heimath und zur Mutter zurückkehrte! —
Als heiterer, lebensfroher Jüngling war er von ihr
geschieden, als ernster gereifter Mann kam er heim.
Was ihn früher erfreut, davon war keine Rede mehr;
still und zurückgezogen, mit Eifer dem Studium der
Wissenschaften obliegend, lebte er die nächsten Jahre
in Arnau. Vergeblich suchte Gräfin Wildenfurt den
Grund dieser Veränderung zu erforschen, ihr Sohn
versicherte immer: daß der Lauf der Jahre einzig
aus ihm gemacht, was er sei und damit begnügte
sie sich endlich. Um ihn aber der Einsamkeit seines
Studierzimmers zu entreißen, suchte sie wieder mehr
Geselligkeit in Arnau zu verbreiten und indem sie

häufig junge liebenswürdige Damen zu sich einlud, gab sie sich der Hoffnung hin: Liebe zu Dieser oder Jener im Herzen ihres Kindes zu erwecken. Diese Versuche blieben erfolglos, selbst der, als sie sich von ihrem Sohne trennte und das kleine Landhaus bezog, das sie zu dem Zwecke am Ende des Arnauer Parkes hatte erbauen lassen. Die einzige Wirkung ihrer Trennung war, daß Graf Wildenfurt, nachdem seine Mutter ihm das Gut zum uneingeschränkten Eigenthume übergeben, der eifrigste Landwirth wurde.

Leer und verödet blieben die vielen Prunk- und Wohngemächer im Arnauer Schlosse, die Gräfin Wildenfurt für ihren Sohn und dessen einstige Frau eingerichtet; nur in einzelnen Fällen öffneten sich die langgeschlossenen Gesellschafträume, denn Bälle und Feste, wie sonst dem Adel der Nachbarschaft und den Honoratioren von Bonn zu geben, hatten keinen Reiz mehr für den Grafen und nur wenn seine Mutter dringend wünschte, lud er Freunde und Bekannte ein.

Sah Gräfin Wildenfurt bei dergleichen Gelegenheiten ihren Sohn einen so liebenswürdigen Wirth machen, sich so angelegentlich mit allen anwesenden Damen beschäftigen, hoffte sie immer von Neuem auf Herzensgefahr für ihn — aber immer vergeblich, er zog sich mit zu vielem Vergnügen in seine stillen Räume zurück, als daß sie auf die Dauer zu denken vermocht, daß es ihm Freude gemacht, sie zu verlassen.

So wie die Feste ohne den von ihr gewünschten Erfolg blieben, führten auch die Reisen, die er mitunter machte, nicht das herbei, was sie ersehnte.

„Mein Herz bringe ich Dir mit, aber keine Tochter!" flüsterte er ihr heiter zu, wenn er sie nach längerer oder kürzerer Abwesenheit fest ans Herz drückte und zärtlich die geliebten Lippen küßte, und hatte sich ihre Stirn auch bei solcher Nachricht zu umwölken vermocht, so wäre es doch unmöglich gewesen, daß dauernd ein Schatten von Mißmuth oder Unzufriedenheit ihr Antlitz hätte trüben können, wenn sie von Neuem in den Armen Dessen lag, in dem sie ihre ganze Welt fand.

Fest waren Mutter und Sohn verbunden, fest blieben sie auch verbunden und das schönste Verhältniß, das in der Art zwischen Eltern und Kindern bestehen kann, herrschte unter ihnen. Den ganzen Tag freuten sich Beide auf die Abendstunden, welche sie stets gemeinsam verlebten und der Morgen brach

für Beide erst an, wenn sie sich einen „guten Mor=
gen" gewünscht. Selbst der Punkt, wo Mutter und
Sohn in ihren Ansichten entschieden von einander
abwichen, — der Punkt der Heirath — war nicht
im Stande, eine Mißstimmung zwischen ihnen ent=
stehen zu lassen. Gräfin Wildenfurt hegte fortge=
setzt den sehnlichsten Wunsch, ihren Sohn glücklich
verheirathet zu wissen und dieser versicherte immer
aufs Neue, daß er an eine Ehe nicht denke. Bot
das Thema nun auch Veranlassung zu kleinen Streitig=
keiten, so gab es doch ebenfalls Grund zu großer
Heiterkeit, denn die Gräfin vermochte nicht ernst zu
bleiben, wenn ihr Sohn sie mit ihrer Vorliebe für
die Ehe neckte und es an komischen Bemerkungen
über seine Leidenschaft für das Junggesellenleben nicht
fehlen ließ.

Mehr und ernstlicher als je beschäftigte sich aber
Gräfin Wildenfurt in den letzten Wochen mit der
Idee, ihren Sohn zu verheirathen; es schien, daß
sich ihr plötzlich und unvermuthet die günstigste Ge=
legenheit geboten, ihren langgehegten Plan zur Aus=
führung zu bringen.

Ein jüngerer Bruder des Grafen Wildenfurt,
der in Berlin einen höhern Militairposten bekleidet,

war Anfang des Jahres gestorben und hatte seine
Frau und fünf erwachsene unversorgte Töchter mit-
tellos in der Welt zurückgelassen.

Die nur auf eine geringe Pension beschränkte
Wittwe hatte sich in der ersten Bedrängniß an ihre
reiche Schwägerin in Arnau gewandt und diese sie
auch reichlich unterstützt. In jedem ferneren Briefe
klagte die Dame aber ihre bitterste Noth und das
gute weiche Herz der Gräfin litt unsäglich beim
Lesen solcher Lamentationen. Am liebsten hätte sie
ihre Schwägerin mit der ganzen Familie nach Arnau
berufen, doch ihr Sohn widerrieth ihr das auf das
Entschiedenste, indem er seine Mutter daran erinnerte,
in welchem Trouble von Zerstreuungen seine Tante
zu leben gewohnt sei und wie einsam ihr und ihren
Töchtern ein Landleben im Winter sein würde. Gräfin Wildenfurt beschränkte sich nun auf die Idee,
eine der erwachsenen Nichten zu sich zu nehmen, indem sie hoffte, daß sich im Laufe der Zeit durch
stetes Zusammensein mit einer Cousine eine tiefere
Neigung für dieselbe im Herzen ihres Sohnes ent-
wickeln würde und sie wünschte daher, daß er selbst
entscheiden möchte, ob sie eine der ältern oder jünger n
auffordern solle nach Arnau zu kommen.

Für die älteste dieser Cousinen hatte Graf Wilbenfurt, wie seine Mutter wähnte, einst ein flüchti-
ges Interesse empfunden — es war vor seiner Reise
nach Asien, also fünfzehn Jahre her, doch das damals sechszehnjährige Mädchen war so schön gewesen,
daß sie unmöglich jetzt häßlich sein konnte. Gar zu
gern hätte die Gräfin nun gewußt, ob ihr Sohn
diese Jugendliebe nicht vergessen, sie konnte es nicht
ergründen. Einen Entschluß mußte sie aber endlich
fassen, sie war ihrer Schwägerin nun schon den
zweiten Brief schuldig, wollte endlich antworten; —
doch welche ihrer Töchter als Tochter annehmen?
— Am Morgen des 24. März hatte sie abermals
ihren Sohn um Rath gefragt, er aber dasselbe ge-
antwortet, was er das erste Mal gesagt, nämlich:
daß er in der Angelegenheit die Entscheidung ganz
der Mutter überlasse.

Dieses gänzliche ihr Ueberlassen war eben der
Kummer der Gräfin und nur der lange feste Nach-
mittagsschlaf hatte sie den Sorgen der Entscheidung
entrissen. Kaum war sie aber erwacht, so fiel ihr
der unglückselige Brief ein, den sie an dem Tage noch
schreiben wollte und seiner wie an die Wichtigkeit
der Entscheidung denkend, seufzte sie laut und tief.

„Was bedrückt denn die Seele meiner guten Mutter so schwer?" fragte der Graf, indem er sein Buch bei Seite legte und aufstand.

Die Gräfin, die sich allein zu sein glaubte, wandte sich rasch um und entgegnete nicht ohne Erstaunen:

„Wie Hugo, Du bist hier, Du gabst die Fahrt nach Bonn auf und läßt Dich wieder einmal vergeblich bei einem Diner erwarten?"

Der Graf rollte den zweiten am Kamine stehenden Lehnstuhl ganz in die Nähe seiner Mutter, setzte sich und sprach lächelnd:

„Als guter Sohn konnte ich nicht anders handeln, Du klagtest heute Morgen über Einsamkeit, Langeweile, ich gab mein Diner beim Professor K... auf und bin hier, um Dir Gesellschaft zu leisten."

„Der Vorwand war Dir wohl sehr erwünscht, mein Sohn?"

„Du erkennst doch nie an, wenn ich Dir gesellige Freuden opfere, liebe Mama!" Der Graf ergriff die schmale weiße Hand seiner Mutter und nachdem er sie geküßt, behielt er sie mit leichtem Drucke in der seinen.

„Wäre Dir das Aufgeben einer Gesellschaft doch wirklich ein Opfer."

„Das wünschst Du mir, Deinem Sohne, der vor Kurzem zweiundvierzig Jahr alt geworden!"

„Gewiß, mein Sohn, denn dann fesselte Dich doch endlich einmal ein tieferes Interesse an jene Gesellschaft."

„Und das tiefere Interesse müßte ich für eine Dame empfinden?" sprach er neckend.

„Ach, daß das nicht der Fall ist!" seufzte die Gräfin tief.

„Mein Mütterchen, Du darfst Nachmittags nicht mehr schlafen, Du seufzst schon wieder."

„Ach, mein Sohn, Du irrst, wenn Du meinst, ich hätte geschlafen! Dazu war mir wahrlich heute das Herz zu schwer."

Der Graf kannte die Schwäche seiner Mutter: „nie zuzugeben, daß sie ein Nachmittagsschläfchen liebte", er schwieg daher, doch ein Lächeln umspielte seine Lippen, und die Mutter, die das bemerkte, deutete es richtig.

„Du glaubst mir nicht, Hugo und doch ist es so, der Kummer über jenen Brief an Deine Tante hielt mir nicht allein an diesem Nachmittage, sondern mehrere Nächte den Schlaf fern."

„So würde es das Beste sein, wenn Du Dich

jedes Gedankens an diesen Brief entschlügst!" rief
er lachend.

"Wie kann ich das? Ich muß doch überlegen,
welche der Töchter ich zu mir nehmen soll."

"Nimm keine, Mutter!"

"Wie, Hugo?" —

"Die Mädchen passen nicht nach Arnau! Es sind
Stadt- und Weltdamen."

"Alice und Olga traten erst vor Kurzem in die
Welt."

"Sie sind aber von ihrer Mutter nur für diese
Welt erzogen."

"So wäre es vielleicht verdienstlich, sie etwas
Anderes sehen zu lassen."

"Willst Du ein gutes Werk vollführen, Mamachen?"

Die Gräfin schwieg verlegen. Nach längerer
Pause fragte sie lebhaft:

"Ist es Dir unangenehm, daß ich eine Deiner
Cousinen zu mir nehmen will?"

"Ich fürchte nur, daß ihr Kommen Unannehmlichkeiten für Dich herbeiziehen wird."

"Inwiefern?"

"Wenn Ihr Beide Euch getäuscht seht, Du in

Deinen Erwartungen, sie in ihren Hoffnungen; denn
ich würde weder das Eine noch das Andere erfüllen." Die Gräfin huftete, ihr Sohn fuhr ruhig fort: "Forderst Du eine der Nichten auf, nach
Arnau zu kommen, so sei wenigstens so vorsichtig,
sie Dir nur zum Be,uch zu erbitten, ihre Abreise
würde dann leichter zu bewerkstelligen sein."

"Ich würde am liebsten sehen, wenn Du, lieber
Hugo, nach Berlin reistest und die Deiner Cousinen
veranlaßtest, hierher zu kommen, die Dir am besten
gefällt!"

"Aber beste Mutter, Du wünschest eine Gesellschafterin — nicht ich!"

"Aber Du kennst meinen Geschmack, lieber Sohn."

"Ich bin irre an ihm geworden seit Du Dein
Auge auf jene Nichten geworfen hast!" antwortete
er lächelnd.

"Du bist ungerecht gegen Deine Cousinen, Hugo!"

"Und Du bist es gegen mich, Mutter, indem
Du meine Erwartungen bitter getäuscht." Die Gräfin sah verwundert auf ihren Sohn, er fuhr mit
unerschütterlichem Ernste fort: "Ich kam in der ge-
rechten Hoffnung auf guten Kaffee zu Dir und Du
setzest mir nur die Berliner Cousinen vor!"

Die Gräfin lächelte, stand auf und zog die Klingel, indem sie drohend ausrief:

„Hugo, Hugo, daß Du immer eine Hinterthür hast, durch die Du Deiner alten Mutter entschlüpfst."

„Liebe Mutter, ich entschlüpfe Dir um so weniger jetzt, als ich den alten David Deiner Thür nahen höre und den angenehmen Ton klirrender Tassen vernehme."

Der Diener der Gräfin erschien wirklich mit dem Kaffee und die Erwartungen des Grafen erfüllten sich, er erhielt nicht allein guten Kaffee, sondern verlebte auch eine heitere Stunde mit seiner Mutter, indem er mit vielem Geschick die gefährliche Klippe des Briefcapitels vermied. Seine Laune wurde durch die Schlauheit seiner Mutter und seine eigene Klugheit immer besser, und als der alte David wieder im Zimmer erschien, um abzuräumen, that er, was höchst selten zu geschehen pflegte, nämlich redete den Diener seiner Mutter an.

Dieses alte Hausinventarium besaß die Eigenthümlichkeit, nicht gern reden zu hören und liebte es noch weniger, zu antworten, er war der schweigsamste Mensch der Welt, und sprach er einmal einige zusammenhängende Worte, so war das stets ein Sprichwort. Seiner vielen guten Eigenschaften wegen hielt man ihm die Absonderlichkeit zu Gute und redete nur im äußersten Nothfalle mit ihm.

Durch die kleinen Plänkeleien mit seiner Mutter befand sich aber der Graf in zu guter Laune, um nicht auch an bem Tage ben alten Diener etwas zu necken, als Dieser ihm daher die Kaffeetasse abnahm, sagte er:

„Und Du bist nicht im Geringsten verwundert, alter David, mich diesen Nachmittag hier zu sehen? An diesem Nachmittage, wo es förmlich lebensgefährlich war, in Eure Wildniß zu bringen. Weißt Du, daß ich bei solch miserablem Wetter mich doppelt ärgere, Deine Herrin und Dich jemals aus bem Arnauer Schlosse fortgelassen zu haben!"

David stand während der Worte des Grafen still, hielt seine Blicke fest auf ben Sohn seiner Herrin gerichtet, entgegnete aber keine Sylbe; er vermochte ja weber das Wetter zu ändern, noch bie Trennung von Mutter und Sohn ungeschehen zu machen und schwieg daher. Als der Graf aber geendet, ergriff er das Bret mit dem Service und glitt lautlos zur Thür.

„Wie klug doch der David ist, Mutter, er schweigt
immer, wenn ich Eurer Flucht von Arnau erwähne;
doch, alter Trappist, über das Wetter kannst Du
Dich doch äußern! Was sagst Du also dazu, daß,
wo man den Frühling erwartet — der Winter hereinbricht?"

„Unverhofft kommt oft!" antwortete David und
verschwand.

„Unverhofft kommt oft!" wiederholte die Gräfin
leise vor sich hin und ein freudiges Lächeln flog über
ihr feines Antlitz. Frohe Bilder reihten sich an diesen Ausspruch und eine geschäftige Phantasie malte
sie mit frischen lebendigen Farben aus.

Welch andere Gedanken mußte der Ausspruch
in der Seele des Grafen erwecken! Mit Blitzes-
schnelle war jeder Anflug von Heiterkeit aus seinen
Zügen gewichen und sein Antlitz zeigte nicht nur den
gewöhnlichen Ernst, die stets gleichmäßige Ruhe, sondern traurig düster schaute er in die bald hell auf-
lobernden, bald matter flackernden Flammen des Ka-
minfeuers. Als seine Mutter sich bei der immer
tiefer einbrechenden Dunkelheit das lichteste Gemälde
des Glücks für ihn entworfen, hatte er mit der vor-
schreitenden Nacht gleichen Schritt gehalten; — fin-

ster, wie es rings um ihn her, war es auch in seinem Herzen und immer und wieder ertönten in seiner Seele die Worte: „Unverhofft kommt oft!" und traurig setzte er hinzu: „Wie die Natur, so das Leben — wenn man den Frühling erwartet, bricht der Winter herein!"

————————

Zweites Kapitel.

Die Saison in Berlin hatte ihr Ende erreicht und wer aufs Land eilen konnte, um sich in freier Luft von den Strapazen der Wintervergnügungen zu erholen und Kräfte für die nicht minder anstrengenden Zerstreuungen des Babelebens zu sammeln, der verließ die Residenz beim anbrechenden Frühlinge.

Die Generalin von Wildenfurt, die sonst zu den Ersten gehört, die eine elegante Sommerwohnung im Thiergarten bezogen, befand sich zu ihrem größten Kummer Mitte Mai des Jahres 1846 noch immer in der Residenz. Ihre Verhältnisse gestatteten keine Extravaganzen und hätte sie sie auch vielleicht gern, ohne jegliches Bedenken, gemacht, so waren doch all' Diejenigen, die seit Jahren ihrem Manne Credit gegeben, nicht galant genug, ihr solchen nach dessen Tode noch ferner zu gewähren. Die Frau

Generalin hatte denn an dem schönen Morgen des
Mais nicht allein von dem Wirthe ihres frühern
Sommerquartiers die dringendste schriftliche Mahnung
erhalten: „den seit Jahren rückständigen Zins bal-
digst zu entrichten“ — auch ihr Wirth in der Stadt
hatte sie zu einer Stunde aufgesucht, wo sie sich
nicht, wie schon oft, verläugnen lassen konnte; in
mehr wie deutlichen Worten hatte er ihr klar zu
verstehen gegeben, „daß wenn sie ihm nicht bis zum
nächsten Tage eine genügende Anweisung auf ihre
Wittwenpension eingehändigt, er die Etage, welche
sie bewohne, anderweitig an pünktlicher zahlende
Miether abtreten würde.

Man hätte denken sollen, daß die Dame über
solchen Imbiß zu ihrer Chocolade mindestens verdrießlich gewesen wäre — doch durchaus nicht! Sie
besaß in solchen Punkten trotz ihrer zarten Haut
eine unverwundbare Persönlichkeit. Langjährige Gewohnheit an Mahnbriefe und Drohungen hatten sie
abgehärtet. Dergleichen „kleine Fatalitäten des Lebens“ (wie sie sagte) vermochten nicht ihre sonst oft
angegriffenen Nerven zu erschüttern und — heiter,
als hätte sie einen Heirathsantrag für eine ihrer
fünf Töchter empfangen, faltete sie den Brief des

Besitzers der Sommerquartiere zusammen und legte
ihn zu einem Packete Schriften ähnlichen Inhalts;
ruhig, als sage ihr Hauswirth der Stadt die ange-
nehmsten Dinge, hörte sie ihn an und geleitete ihn,
als er sich etwas verlegen empfahl, so artig zur Thür,
als habe sein Besuch ihr die größte Freude gemacht.
Ihren fünf Töchtern, denen die Grobheit des Wirths
doch etwas den verschlafenen Ausdruck aus den Ge-
sichtern verscheucht, rief sie ermuthigend zu:

„Ich bitt' Euch, Kinder, laßt Dergleichen nie
Euch den Appetit verderben! Frühstückt ruhig weiter
und dann macht Toilette, damit wir den Wagen
unserer lieben Baronin nicht zu lange warten zu
lassen brauchen."

Die fünf Mädchen beherzigten den Rath ihrer
Mutter; die beiden ältesten griffen wieder nach ihren
zur Seite gelegten Romanen, die dritte brachte ihrem
Canarienvogel ein Stück Zucker und die beiden jüngsten, die weder Buch noch Vogel hatten, ließen sich
den Kaffee wohl schmecken und erschöpften sich in
Vermuthungen, ob das Diner bei der zu der Zeit
schon auf dem Landgute lebenden Baronin W.., zu
dem die Familie an dem Tage geladen, so amüsant

sein würde, wie ihre Soiréen in der Stadt stets gewesen.

Das eilige Eintreten einer Person machte die Comtessen aufsehen und sich umwenden; es war eine einfach gekleidete, bleiche, magere und schon ältliche Dame, die sich dem Frühstückstisch näherte. Kaum wurden die Mädchen ihrer ansichtig, richteten sie ziemlich zu gleicher Zeit folgende Fragen an sie:

„Tantchen, sind unsere Barègekleider fertig?"

„Tantchen, schickte die Putzmacherin meinen Hut?"

„Hast Du meine Unterkleider geplättet, liebes Tautchen?"

„Himmlisches Tantchen, hast Du mir auch Blumen vom Markte mitgebracht und hast Du mein neues Spitzentaschentuch gewaschen?"

„Tantchen, hast Du noch Kaffee?"

Nachdem diese Fragen erklungen, wandte sich die Generalin Wildenfurt zu der fünf Mal Betanteten und sagte leise:

„Warst Du so freundlich, liebe Schwester, den Bedienten zu fragen, ob er noch vier Wochen auf seinen Lohn warten könne und schicktest Du ihn nach meiner neuen Coiffüre?"

Auf die ältliche Dame machten die vielen Fra-

gen ebenso wenig Eindruck, wie die Mahnbriefe auf
ihre Schwester. Der weise vorsorgende Gott hatte
sie anders bedacht, als den alten David in Arnau.
Sie konnte nicht allein tausend Fragen vernehmen,
sondern auch ruhig tausend beantworten, sie verlor
nie den Kopf, obgleich sie auch vielleicht nie wußte,
wo er ihr eigentlich stand. An sich zu denken, hatte
diese Dame verlernt und Anderer Interessen waren
ihr immer wichtig gewesen. Das was sie zu der
Zeit war, hätte sie nie geglaubt werden zu können
und wenn sie in ihrer Jugend vielleicht ein Bild
ihres Alters erhalten, würde sie sicherlich in das
Wasser gesprungen sein, um solchem Erdenleben zu
entgehen! Zum Heil und Segen sehen aber die Menschen ihre Schicksale nicht voraus und was Jemand
beim vollen Anblicke seines künftigen Elends schau-
dern machen würde, lernt er ertragen, wenn es ihm
in einzelnen Bürden nach und nach als Last aufer-
legt wird und geht so leicht auf dem dornigen Pfade
seiner traurigen Existenz weiter, als blühten ihm
überall Rosen! — —

Im Alter von dreißig Jahren hatte Clotilde von
Herchenthal es als ein Glück betrachtet, als ihre
verheirathete Schwester sie nach dem Tode ihrer El

tern zu sich genommen. Jene hatte damals erst zwei
Kinder und Graf Wildenfurt außer seiner Haupt=
mannsgage, noch Vermögen. Kinder und Gage mehr=
ten sich — das Vermögen verlor sich im Alles ver=
schlingenden Strome der Zeiten. Der Graf und
seine Gemahlin mußten den Anforderungen des ge=
selligen Lebens genügen, — Schwägerin und Schwester
dem Hauswesen vorstehen und die Kinder beaufsichti=
gen. Als Letztere heranwuchsen, gab es immer mehr
zu thun und die Sorgen häuften sich so, wie die
Arbeit, denn nach dem entschwundenen Vermögen
fanden sich Schulden ein.

Wie es Fräulein Clotilde während solchen drei=
undzwanzigjährigen Lebens, täglicher Plackerei und
ewiger Noth, Angst und Sorgen angefangen, nicht
unterzugehen, trotzdem auf ihren zarten Schultern
Alles lag — das war ihr Geheimniß, wie es das
aller jener unglücklichen Familienlastthiere ist! —
Sie plaudern es nicht aus — vielleicht gäbe es als=
dann mehrere, vielleicht träten dann auch Menschen=
freunde dagegen, zu ähnlichen Zwecken, wie bei Thier=
quälereien zusammen! Anfangs hatte der armen Clo=
tilde das „Gnadenbrot,“ das sie nach Ausspruch der
Menschen bei ihrer reichen Schwester aß, auch nicht

geschmeckt und war ihr oft hart und ungenießbar
erschienen, später hatte sie sich daran gewöhnt und
Gewohnheit thut viel! — So stand sie denn mit
Ein- und Umsicht dem Haushalte vor; als selbst die
Verhältnisse ganz zerrüttet waren, verlor sie nicht
den Muth und was in ihren Kräften stand, die Lage
erträglicher zu machen, geschah. Fast brach aber dieser Muth der armen Clotilde nach dem Tode ihres
Schwagers, da die Schaar der Gläubiger sich eben
so in das Trauerhaus drängte, wie die Reihe der
Freunde und Bekannten. Vergeblich beschwor sie
ihre Schwester, sich einzuschränken; doch diese behauptete: „Das in dem Augenblicke um so weniger
thun zu können, als ein früherer Verehrer sich gerade in der Zeit von Neuem Emma, ihrer zweiten
Tochter, genähert und der Gesandtschaftsattachée,
Baron Granfeld, Alicen, der die jüngste auf dem
letzten Balle so gut wie eine halbe Liebeserklärung
gemacht." Um die beiden in Aussicht stehenden
Schwiegersöhne also nicht durch plötzliches Einschrän-
ken zu entsetzen, mußte, wie die Generalin sagte:
„der Schein des Glanzes wenigstens so lange aufrecht erhalten werden, bis Emma und Alice verheirathet." — Fräulein Clotilde ergab sich in dies

Scheinleben, versuchte aber jetzt hin und wieder, ihre Nichten zur Thätigkeit anzufeuern, doch der Refrain ihrer Ermahnungen: „zu arbeiten", war der schmeichelhafte Ausruf: „Tantchen, so wie Du, können wir es doch nicht machen!" Nach wie vor blieb das gutmüthige Tantchen die allein Arbeitende, rastlos Schaffende und ewig Thätige, und wie selbst nach dem Tode des Generals kein Wechsel im Leben der Töchter eintrat, so blieben auch trotz der gänzlich veränderten pecuniären Lage alle innern Verhältnisse des Hauses dieselben. Nachdem Mutter und Töchter sechs Wochen der äußern Form genügt: sich von Bällen und Gesellschaften fern zu halten, besuchten sie gegen Ende Februar von Neuem alle Soiréen und die reichen Geldsendungen aus Arnau machten es möglich, in der brillantesten Weise um den verstorbenen Gatten und Vater zu trauern.

In all' ihrer Verzweiflung, daß die größten Summen für Putz und Luxus verschwendet wurden, hielt eine Hoffnung Fräulein Clotilde aufrecht, die während langer Jahre schon ihr einziger Trost gewesen. Im festen Vertrauen nämlich: „daß der Stern des Glücks einmal im Leben an jedes Menschen Horizont aufgehe," spielte sie in der Lotterie! — Zehn Jahre

hatte sie vergeblich auf das Auftauchen dieses golde-
nen Sternes gewartet und gar manchmal hatte ihre
Schwester, die sonst nie böse auf sie war, gescholten,
Summen zu verspielen, die anderweitig besser verwendet werden könnten. Diese Schelte hatte Fräulein Clotilde aber ruhig, wie Alles, hingenommen
und ihr Viertellos weiter gespielt — in ihr ruhte
nun einmal die Hoffnung: „zu gewinnen" und —
diese Hoffnung hatte sich an dem Maimorgen erfüllt,
wo die Bedrängniß ihrer Ansicht nach den Höhepunkt
erreicht.

Das letzte baare Geld war für das Frühstück
ausgegeben und um die Spitzencoiffüre ihrer Schwester
zu bezahlen, welche die Putzmacherin nicht mehr auf
Credit hatte verabfolgen wollen, war sie bereits ge-
nöthigt gewesen, wiederum bei einer ihr im Hause
bekannten Familie zu borgen, die ihr schon häufig
aus ärgster Noth geholfen.

Das Loos von Fräulein Clotilde war mit 80,000
Thaler herausgekommen, — auf ihren Antheil also
20,000 Thaler gefallen. Sie hatte die Nachricht
ihres Gewinns wenige Minuten zuvor erhalten, in
dem Augenblicke, als der Briefträger ihr einen Brief
an ihre Schwester übergeben; kaum war er fort, so

eilte sie in das Frühstückszimmer, die Kunde des
Glücks ihrer Familie mitzutheilen. Die Aufregung
hatte sie todesblaß gemacht und ihre Glieder zitter=
ten dergestalt, daß sie kaum zu gehen vermochte.
Beides bemerkten die Generalin und ihre Töchter
nicht, doch als das Tantchen auf die Fluth von
Fragen nicht ihr gewöhnliches „Alles besorgt, alles
fertig!" antwortete, als man plötzlich sah, daß sie
sprechen wollte und nicht konnte, da sprangen Alle
mit dem Ausrufe: „Tantchen, was ist Dir?" auf,
denn jede Einzelne liebte das stille, geschäftige und
ewig gefällige Tantchen.

Die sie bestürzt anblickenden Mädchengesichter
hätten dem Tantchen vielleicht nicht so schnell Sprache
und Fassung wiedergegeben, wenn sie nicht das Er=
bleichen ihrer Schwester bemerkt, nicht den Ausdruck
tödtlichen Schrecks in einem Gesichte wahrgenommen,
das seit lange verlernt, die Farbe zu wechseln und
immer daran gewöhnt war, den Ausdruck der Züge
zu beherrschen. Sich den sie umschlingenden Armen
ihrer beiden jüngsten Nichten rasch entwindend, stürzte
sich Fräulein Clotilde an die Brust ihrer Schwester
und rief in einen Thränenstrom ausbrechend hastig:
„Kein Unglück hat sich ereignet, liebe Leonore, son=

dern ein Glück ist uns begegnet, Dein Loos hat gewonnen!"

„Mein Loos? Ich spielte kein Loos, Clotilde!"
entgegnete die Generalin erregt.

„Doch, doch! Trotzdem Du manchmal böse warst,
spielte ich die Nummer weiter. Sie ist herausgekommen — auf Dein Viertel sind 20,000 Thaler
gefallen."

Ein fünffacher Jubelruf erscholl von den Lippen
der Mädchen, die Generalin schwieg, ihr Antlitz nahm
einen Moment eine fast aschfarbene Blässe an, dann
sagte sie mit wiederkehrender Farbe: „Ich gratulire
Dir von ganzem Herzen!" Sie küßte die Schwester
und setzte lächelnd hinzu: „Wie freut mich jetzt Deine
Beharrlichkeit! Ich hätte nun und nimmer geglaubt,
daß Du etwas gewinnen würdest!"

„Unverhofft kommt oft!" rief das alte Fräulein
mit glücklichem Gesichte.

„Ja unverhofft ist das Glück, liebe Clotilde!
Nochmals meinen innigsten herzlichsten Glückwunsch."

„Du thust, liebe Leonore, als ob das Geld mir
gehörte."

„Nun, wem denn anders, liebe Schwester?"

„Nur Dir! Ich spielte doch von Deinem Gelde,

denn daß ich keinen Pfennig eigenes Vermögen besitze, weißt Du."

Es ging eine seltsame Bewegung über das flache
Gesicht der Generalin, fast schien's als feuchte sich
ihr Auge, sie verbarg ihre Rührung im Arme der
treuen Schwester und diese fest ans Herz drückend,
sagte sie leise: „Nein, nein, Clotilde, das Geld gehört Dir, — willst Du, so borge, so hilf mir!"

Die ewige Geschäftigkeit kam dem Tantchen in
dem Augenblicke sehr zu Statten, sich des noch nicht
fertig geplätteten Unterkleides ihrer Nichte Alice er-
innernd, machte sie sich hastig von der Schwester
los und mit der Entschiedenheit, wie sie Alles an-
zugreifen und zu beenden pflegte, überreichte sie ihr
das Loos und sagte: „Ich habe nicht viel Zeit zum
Sprechen, also keine Widerrede, Leonore, das Geld
gehört Dir!'— Jahre lang habe ich vergeblich die
Summen ausgegeben und ich danke Gott, daß sie
plötzlich so reiche Zinsen tragen. Bezahle von dem
Gewinne Deine Schulden, damit Deinem Manne
ein ehrenvolles Andenken im Grabe bleibt und von
Gläubigern keine Verwünschungen über seiner Gruft
laut werden. Den Rest lege auf Zinsen und damit

basta! Ich muß jetzt rasch plätten und Ihr habt
Zeit, Euch anzukleiden, es ist zwölf Uhr."

„Zwölf Uhr!" Der Umstand ließ die Scene der
Großmuth rascher beenden, als es vielleicht sonst,
trotz des Egoismus der Generalin, der Fall gewesen
wäre. Tantchen wurde von Allen rasch geküßt, ihr
dann zehn Bitten vorgelegt und zwanzig Aufträge
— alles die Toiletten der Damen betreffend, ertheilt
und nachdem sie versichert, Jedes thun und besorgen
zu wollen, trippelte sie mit gewöhnlicher Hast aus
dem Zimmer. Die Thür hatte sich noch nicht hinter ihr geschlossen, als sie sie abermals öffnete und
rasch eintrat.

„Noch zweierlei habe ich Dir zu sagen, liebe
Leonore."

Die Generalin wandte sich höflich, artig wie
immer, dies Mal nur liebreicher, gegen die Schwester.

„Numero 1, weißt Du, wo ich heute noch zwanzig bis dreißig Thaler geborgt erhalten könnte?"

„Darf ich wissen wozu?"

„Nah an zwanzig Thaler bin ich der Räthin
Harling schuldig und — sie bedarf des Geldes selbst."

„Wer ist Räthin Harling?"

„Sie wohnt oben in der Mansarde, Du kennst
3*

sie nicht, nur Marie, die eine ihrer Töchter, sahst Du manchmal, als Dein Mann —."

„Ach, ich besinne mich, sie wachte mitunter, während der Krankheit — sie half Dir! Ein hübsches liebes Mädchen, doch beansprucht sie für ihre kleinen Dienstleistungen zwanzig Thaler?"

„Nein, nein, Du irrst; die Mutter borgte mir das Geld zu verschiedenen Malen — noch heute neun Thaler für Deine Coiffüre!"

„Du bezahltest sie gleich. Warum thatest Du das?"

„Ich mußte! Die Putzma—."

„Gut, gut, liebe Clotilde! — Also zwanzig Thaler gebrauchst Du!"

„Etwas mehr, liebe Leonore!" flüsterte Tantchen verlegen, „ich habe keinen Groschen und muß nothwendige Wirthschaftseinkäufe machen."

Die Generalin stand einige Secunden in tiefes Sinnen verloren und rief dann lebhaft: „Gehe einfach zu Herrn D.., zeige ihm mein Loos, nenne den Gewinn, sage, daß ich übermorgen schon sein Sommerquartier im Thiergarten beziehen würde und bitte um hundert bis zweihundert Thaler."

„Wie, Leonore, Du willst eine zweite so theure

Wohnung miethen?" entgegnete Tantchen erschrocken.
„Ach, thue das nicht und bedenke, Du hast fünf
Töchter."

„Bitte, Clotilde, jetzt laß mich operiren und Du
wirst sehen, Emmas und Alicens Anbeter erklären
sich in den nächsten Tagen."

Tantchen seufzte, überreichte dann der Schwester
den vorhin erhaltenen Brief und ging. Als sie nach
ungefähr einer Viertelstunde in's Ankleidezimmer ihrer
Nichten trat, um ihnen bei der Toilette behilflich
zu sein, fand sie Alle in der lebhaften Erregung.
Aus dem Chaos von Zurufen, die ihr entgegentön=
ten, entnahm sie, daß Gräfin Wilbenfurt in Arnau,
die mehrere Wochen krank gewesen, endlich wieder
geschrieben und zwar die ganz unvermuthete Bitte
an ihre Schwägerin gerichtet: „ihr sobald wie mög=
lich eine ihrer beiden jüngern Töchter auf längere
Zeit zum Besuch zu schicken." Die Generalin hatte
sofort entschieden, daß Olga reisen sollte, weil Alice
durch die Bewerbung des Gesandtschaftsattachée,
Baron Granfeld, bereits Aussicht habe, in der Re=
sidenz eine gute Partie zu machen und deshalb Ber=
lin nicht verlassen dürfe.

Olga wurde in Folge dieses mütterlichen Be=

schlusses von ihren drei ältern Schwestern schon „Frau
Gräfin" titulirt und während die älteste sich ganz
ruhig bei den Neckereien verhielt, versicherte Alice,
die jüngste, immer von Neuem, daß sie ihre Hoch=
zeitsreise nur nach Arnau antreten würde.

Olga war durch die angenehme Aussicht einer
Reise nach dem schönen Gute ihres Cousins und die
noch angenehmere Aussicht, Besitzerin dieses Gutes
zu werden, sehr erregt und im starken Rückstande
mit ihrer Toilette. Tantchen mußte der „Frau Grä=
fin" in spe daher vorzugsweise behilflich sein, nach=
dem sie endlich fertig, alles nach Wunsch war und
das schöne Mädchen trotz ihrer dunkeln Trauerge=
wänder frisch und rosig wie der junge Tag aus=
sah, ihre Schwestern sie mit ihren Schmeicheleien
überschütteten — da warf sie den letzten selbstzufrie=
denen Blick in den Spiegel und rief:

„Danke, danke, Tantchen und bin ich erst Grä=
fin Wildenfurt von Arnau, so werde ich Dir alle
Deine Liebe und Güte vergelten!"

„Rechne nur nicht zu fest auf die Partie, liebe
Olga!" sagte plötzlich die älteste Schwester in einem
gereizten Tone.

„Du meinst wohl, sie könnte mir, wie einst Dir

entgehen, theuerfte Lilly!" erwieberte Olga nicht ohne
Ironie.

„Ich benke es nicht allein, armes Kind, sonbern
bin felfenfeft bavon überzeugt."

„O Du bift boch schon eine ganz verbitterte,
alte Jungfer, Lilly!"

„Ich bin nichts Anberes, meine liebe Olga, was
Du nicht in zwölf bis funfzehn Jahren auch fein
wirft."

„Ruhe, Kinber!" rief bie eintretenbe Generalin
ernft.

Lilly verließ rafch bas Zimmer, Olga warf ihre
vollen Lippen fchmollenb auf unb wanbte ber Mutter
ben Rücken. Eine Secunbe ruhte bas Auge ber Generalin prüfenb auf ihrem erzürnten Kinbe unb sie
fprach lächelnb:

„Olga, wenn Du Dich in Arnau nur ein klein
wenig klüger benimmft, wie Lilly, so wirb Dir
ficher gelingen, was Deiner armen Schwefter fehl-
geschlagen ift."

„Meinft Du, Mama?" rief Olga fichtlich erhei-
tert unb beruhigt.

„Ich bin es überzeugt, mein Engel! Doch nun

setze Deinen Hut auf, denn der Wagen kann jeden Augenblick kommen."

Olga that wie ihr geheißen und als der zarte Hut von weißem Krepp ihr schönes Gesicht umschloß, die Pracht ihrer dunkeln glänzenden Locken durch den lichten Rahmen auf's Vortheilhafteste hervortrat, da dachte selbst Tantchen, die nach manchen in dem Punkt bei ihren Nichten gemachten schmerzlichen Erfahrungen nicht allzu viel hoffte: „diesem schönen Mädchen wird der mürrische Hugo nicht widerstehen können!"

Die Generalin verstand den Blick der Schwester und lächelte, als aber Tantchen noch gar hinzusetzte: „Wer weiß ob aus dem Scherze der Mädchen nicht Ernst wird und Olga über's Jahr Frau Gräfin ist!" Da reichte sie ihr die Hand und antwortete: „Möglich, denn — unverhofft kommt oft, liebe Clotilde."

„Wir hatten heute schon zwei unverhoffte Freuden!" rief die jüngste Tochter der Generalin eifrig und fügte heiter hinzu: „Wo zwei außerordentliche Fälle sich am Morgen ereignen, da bleibt auch nach altem Glauben der dritte vor Sonnenuntergang nicht aus! O Kinder, wenn Baron Granfeld heute —"

Die beglückende Aussicht auf den schon seit Wochen mit Sehnsucht und Ungebuld erwarteten Heirathsantrag ließ Alicen keine Worte finden, ihre Gefühle ferner auszubrücken, sie stockte, trat vor den
Spiegel und lächelte überselig beim Anblicke ihrer
reizenden Erscheinung. Ihre Schwester Olga, die
sie im Winter mitunter um die an Baron Granfeld
gemachte Eroberung beneidet, nun aber zufriedenge-
stellt war, da sich ihr plötzlich die Aussicht auf
eine noch bessere Partie eröffnet, trat zu Alicen
und sagte entschieden:

„Granfeld wird und muß sich heute erklären,
denn Du siehst göttlich aus! — Keinem steht die
Trauer so wie Dir, liebe Alice."

„Weil mein Teint der zarteste ist, Olga. —
Also Du meinst, Granfeld erklärt sich heute."

„Bestimmt, Alice, ich sah Dich nie so reizend!
Du mußt immer Trauer tragen." Alice tanzte vor
Freude — der ankommende Wagen beendete erst
ihre Lust, ihr Glück. —

Die dritte Ueberraschung, die Alice prophezeiht,
blieb wirklich vor Sonnenuntergang nicht aus. Als
Fräulein Clotilde gegen Abend mit dem erborgten
Gelde heimkam, fand sie auf dem Corridor ihrer

Wohnung eine Dame. Es war eine intime Freun=
din ihrer Schwester, Excellenz Basse; sie stand im
Begriff fortzugehen, da der Diener gesagt, „daß
die Herrschaft abwesend.“ Kaum wurde die Dame,
die sonst nie Notiz von dem Tantchen nahm, Fräu=
lein Clotildens ansichtig, rief sie erfreut:

„Ach, Theuerste, ich schätze mich glücklich, Sie
zu treffen. Ich kam, um meiner lieben Wildenfurt
eine Neuigkeit zu überbringen, die sie Alle lebhaft
interessiren wird.“

„Darf ich bitten, in den Salon zu treten!“

Die Dame rauschte durch die Flügelthüren, Tant=
chen trippelte neugierig hinterdrein; sie war nach
allen Glücksfällen des Tages in würdigster Vorbe=
reitung, das Außergewöhnlichste zu vernehmen! Noch
bevor Excellenz sich setzten, riefen sie eifrig: „Also,
Theuerste, sagen Sie der guten Wildenfurt, daß
unser charmanter Attachée, der liebenswürdige Gran=
feld, der ja ihr ganz besonders Protegée war, —
sich gestern Abend mit der Tochter des reichen
Bankiers A... verlobt hat und ein ganz überseliger
Bräutigam ist! Mein Sohn ist mit dem Glücklichen
so eben bei Kranzler zusammengetroffen, er hat ihm
erzählt, daß er das Mädchen schon lange im Stil=

len geliebt 2c. 2c. Nun ich nahm den innigsten Antheil und das werden Sie Alle thun, doch nun Adio,
Theuerste, ich weiß, Sie sind die ewig thätige Martha
und will daher nicht stören. Pardon, wenn es bereits geschah — à revoir, tausend Grüße dem lieben Schwesterchen und allen Nichten! Sie sind doch
wohl? Adieu! Adieu!"

Sinnend stand Tantchen mehrere Minuten da,
rollte die schmalen dünnen Bänder ihres einfachen
Trauerhutes auf und nieder und sagte voll Betrübniß:

„Also umsonst all' unser Schein, vergeblich all'
jener Luxus. — So ganz anders gekommen, wie
gedacht, ja, ja, sie hat Recht, unverhofft kommt
oft!"

Nach diesem kurzen Selbstgespräche erinnerte sich
Tantchen mit Schrecken, was sie an dem Tage noch
Alles zu thun hatte; rasch legte sie Hut und Mantel ab und eilig erstieg sie dann die hohen Treppen
zur Mansarde.

Drittes Kapitel.

Frau Gerichtsräthin Harling, welche eine kleine, aber sehr niedliche Dachwohnung in dem Hause der Leipziger Straße hatte, dessen erste geräumige Etage die Generalin Wildenfurt bewohnte, war ebenfalls Wittwe und Mutter von fünf erwachsenen Töchtern. Als geborene Berlinerin hing sie mit ähnlicher Liebe an ihrer Vaterstadt, wie der Schweizer an seinen Bergen und für sie war Preußens Residenz das gelobte Land; sie war als Wittwe dahin im Jahre 1830 zurückgekehrt, weil in dem Städtchen der Provinz Pommern, wo ihr Mann die Stelle eines Gerichtsraths bekleidet, sich ihrer Ansicht nach zu wenig Aussicht geboten, ihr Leben in anständiger Weise zu fristen und ihren Töchtern jene geistige Ausbildung zu geben, die sie für deren Fortkommen in der Welt als nöthig erachtet. Daß ihre Kinder Or-

bentliches lernen und einmal mehr als Handarbei=
ten anzufertigen verstehen sollten, das hatte Frau
Harling sich schon zu den Zeiten vorgenommen, wo
sie noch gar keine Kinder hatte. Sie war ein Fräu=
lein von Schütz, die Tochter eines höhern Beamten,
in frühester Jugend sehr verwöhnt und zu nichts
angehalten worden, nach dem Tode ihres Vaters
hatte sie, so wie ihre Schwestern, sich nur mühsam
durch Nadelarbeiten ernährt und den Fall als gro=
ßes Glück betrachtet, als zur Zeit der Noth sich ein
ältlicher und nichts weniger als angenehmer Mann
um ihre Hand beworben. Vor solchem Loose soll=
ten ihre Töchter bewahrt bleiben, sie wollte Jene
nicht einem Elend preisgeben, dessen ganze schwere
Wucht sie so tief empfunden. Eine ihrer Schwestern
war Lehrerin in einem Pensionate Berlins und mit
deren Hülfe gelang es der armen Wittwe, ihre Kin=
der so auszubilden, wie sie wünschte. Als sie erst
Zwei als Gouvernanten versorgt, da ging es schon
besser, sie gaben der Mutter Zuschüsse von ihrem
Gehalte und auf die Weise konnte sie für die jünge=
ren Töchter noch mehr thun.

Anfangs des Jahres 1846 hatte Frau Harling
ihre jüngste Tochter aus dem Hause entlassen und

als diese nun auch glücklich in der Welt unterge-
bracht war, da dankte sie Gott, der ihr so weit geholfen und dankte ihrer Schwester Friederike, die sie
treulich unterstützt. Frau Harling konnte mit vollem
Rechte befriedigt auf ihre sechszehnjährige unermüd-
liche Thätigkeit zurückblicken und sie that das mehr,
als daß sie an den Kummer, die Mühen und Sorgen dachte, die ihr Streben mit sich gebracht.

Ihre älteste Tochter war seit vier Jahren die
glückliche Frau eines Geistlichen, die zweite, Marie,
seit jener Zeit mit einem Candidaten verlobt, der
aber bereits als Hülfsprediger fungirte und Aussicht hatte, binnen wenigen Monaten eine eigene
Pfarre zu erhalten. Aus dem Grunde hatte Marie
auf Wunsch ihres Verlobten ihre Stelle als Erzieherin aufgeben müssen und war zur Mutter zurückgekehrt, um dort in Ruhe ihre kleine Aussteuer zu
nähen.

Außer der Braut war zur Zeit auch ihre dritte
Tochter, Agathe, bei Frau Harling, sie war acht
Jahre Lehrerin in einem Institute in England gewesen und vor Kurzem erst nach Berlin zurückgekehrt. Diese dritte Tochter hatte der Mutter von
allen Kindern die meiste Freude, aber auch den mei=

sten Kummer bereitet. Ihre große Befähigung und
vielseitigen Talente machten Agathen zum Liebling
ihrer Lehrer und bei einem derselben blieb es nicht
bei der bloßen Bewunderung ihrer Anlagen, sondern steigerte sich in den Jahren, wo sie seine Schülerin, zur Bewunderung ihrer Schönheit.

So heiter wie die muntere Agathe die Aufmerk-
samkeiten dieses alten Professors der Geographie
aufnahm, so böse war ihre Tante darüber. Fräulein Friederike von Schütz hatte zwar auch nicht die
abstracte Unmöglichkeit vollbracht, den alten Herrn
zu lieben, aber den Wunsch: ihn zu heirathen, sie
betrachtete ihre unschuldige Nichte daher nicht allein
als gefährliche Nebenbuhlerin, sondern als ärgste
Feindin und als solche haßte sie Agathen aus tief-
stem Herzensgrunde. Immer wußte sie bei der
Schwester eine Klage gegen diese Tochter zu führen,
ewig einen Verdruß zwischen Mutter und Kind her-
beizuziehen. Frau Harling war streng, hart und
Agathe lebhaft, reizbar. Es kam zu Reibungen,
Erörterungen, Scenen, die den häuslichen Frieden
störten und das junge Mädchen fand nur Trost in
dem Gedanken, nach vollendeter Erziehung das Pen-
sionat verlassen zu können, in dem die Wurzel alles

Uebels für sie keimte. Mit vollendetem siebzehnten
Jahre schlug für sie die ersehnte Stunde der Frei=
heit. Sinnend stand sie an dem letzten Tage ihres
Aufenthalts im Institute am Fenster der dumpfigen
Classe, die kurz zuvor alle anderen Schülerinnen ver=
lassen; sie nahm Abschied von der trostlosen Aussicht
in einem engen Hofe, in den sie in bitterer Betrüb=
niß hinabgeschaut, wenn ihr durch ihre Tante immer
von Neuem und immer wieder Unannehmlichkeiten
bereitet worden. Das leise Aussprechen ihres Na=
mens veranlaßte sie, sich umzuwenden, sie gewahrte
den alten Professor, ihren Verehrer, die Grundur=
sache ihres Leids! — Er stand in der entferntesten
Ecke der Classe an dem Tische, auf dem sich das
Centrum seiner Wissenschaften, der Globus, befand,
seine Hände ruhten auf der Weltkugel, und während
die zitternden Finger über Länder und Meere hin=
glitten, suchten seine bebenden Lippen sich im engen
Raume einer düstern Stube das Glück der Liebe zu
erringen, — er machte seiner besten Schülerin einen
Antrag, — einen Antrag in glühenden Worten. —

Agathe hatte noch Zeit gehabt, die Sache zu be=
greifen, als die schneidende Stimme ihrer Tante be=
fahl, ihre Bücher zusammen zu packen. Während

dieser Beschäftigung wurde dem überraschten Mäd=
chen von Fräulein Friederike die strengste Sittenpre=
digt gehalten und diese hinterbrachte auch der Rä=
thin die Kunde des Vorfalls in ihrer gewöhnlichen
gehässigen Weise. Als Agathe die erste Nacht un=
ter dem Dache ihrer mütterlichen Wohnung geschla=
fen, war ihr schon gesagt worden, daß sie Schmach
und Schande über dieses Haus bringen werde, wenn
sie sich nicht bessere und ihr kokettes leichtfertiges
Wesen ablege. Unter heißen Thränen war sie zur
Ruhe gegangen. Die erzürnte Mutter hatte keine
Entschuldigung der Tochter angehört und kaum daß
diese ein Wort der Anklage gegen die Tante gesagt,
ihre Schwester „die Wohlthäterin der Familie", —
Agathen ein undankbares Wesen genannt, das nur
zu ihrem Kummer geboren sei.

Agathe war noch nicht volle vierzehn Tage bei
der Mutter, als Frau Harling ihr ankündigte, daß
eine gute Stelle als Musik= und Zeichnenlehrerin an
einem Institute in England für sie in Aussicht stehe.
Das junge Mädchen freute sich Anfangs, doch kaum
hörte sie, daß sie diese Stelle durch Fürsprache und
Vermittelung ihrer Tante erhalte, so ahnte ihr nichts
Gutes! — Ihre Angst war gerechtfertigt, als ihre

Tante ihr später einen Contract zur Unterzeichnung vorlegte, der sie auf acht Jahre an das Institut band. Agathe weigerte sich, es gab Scenen und Auftritte, man beschuldigte sie: leichtsinnige, gewissenlose Pläne und Absichten mit i h r e r Idee „Gesellschafterin werden zu wollen," zu verbinden, ermahnte und überstimmte sie endlich. Agathe gab ihr Versprechen zur Unterzeichnung unter der Bedingung, ihren Gehalt auf zwei Jahre im Voraus zu erhalten und beanspruchte zugleich, daß sie über Verwendung des Geldes keine Rechenschaft abzulegen brauche. Die Mutter schalt über diese Absicht vollständig unabhängiger Handlungsweise, jedoch die Tante, die lebhaft die Abreise ihrer Nichte wünschte, machte die Erfüllung der Bedingung möglich. Agathe erhielt die Summe, unterzeichnete und in den Wochen, wo sie noch in Berlin war, arbeitete sie mit unermüdlicher Thätigkeit vom Morgen bis Abend an ihrer Wäsche und Garderobe, die sie zum Erstaunen von Mutter und Tante so grob und einfach wie nur möglich ausgesucht hatte.

In den Wochen stillen Zusammenseins traten sich Mutter und Tochter so nah wie noch nie und Frau Harling beschlich mitunter die Furcht, Agathen Un-

recht gethan zu haben. Wollte sie ihr ein Wort
darüber sagen, schnitt die Tochter dasselbe durch die
bringende Bitte ab: „Laß uns von der Vergangenheit schweigen, liebste Mutter, sie ist ja nicht zu
ändern!"

Der Tag ihres Scheidens kam. Mit beklomme-
nem Herzen blickte Frau Harling auf ihre Tochter,
deren große Schönheit sie besorgt machte, und als
sie endlich nicht mehr das klare glänzende Auge
Agathens sah und deren klangvolle Stimme ihr den
letzten Gruß zugerufen, da weinte die sonst so starke
Frau Thränen des heißesten Schmerzes, Zähren der
bittersten Reue, ihr Kind auf so ewig lange Zeit
und so unerreichbar weit fortgegeben zu haben! —

In Strömen flossen die Thränen aber am Morgen nach Agathens Abreise, als ihr ein Brief über-
bracht worden und sie Folgendes las:

„Wie glücklich macht es mich, theuerste Mutter,
einen Lieblingswunsch von Dir erfüllen zu können.
Ich habe Dir jene hübsche Mansarde in der Leipziger Straße gemiethet, in der Du einen Theil Deiner Jugendzeit verlebt und an der Dein treues Herz
so fest gehangen. Verlasse die Vorstadt, in der Du
stets ungern gewesen, daher bald und sorge Dich

nicht um die höhere Miethe. Auf ein Jahr ist sie bezahlt und auch künftig wird sie Dir keine Mühe machen. Die Kleinigkeiten, die Du in der Wohnung findest, mögen Dich freundlich an mich erinnern und jede einzelne Sache Dir wiederholen: „daß Du nie den Kummer an mir erleben wirst, zu dessen Prophezeihung die Tante Dich veranlaßt hat."

Lebe wohl, sei zufrieden und ruhig, und behalte lieb

Deine treue Tochter
Agathe."

Frau Harling fand in der neuen Wohnung ihre Wünsche erfüllt — übertroffen, die sie seit Jahren gehegt. Dort stand ein Sopha, war ein Spiegel, Schwarzwälder Uhr, Nähtisch, Kommode und Teppich, — Alles einfach, aber Alles hübsch. In der Kommode lag ein schwarzseidenes Kleid, ein neuer Mantel und außerdem Kleidungsstücke für Agathens zwei jüngere Schwestern.

Der Anblick all' der Schätze machte der überglücklichen Mutter klar, warum Agathe jene Bedingung an Annahme der Stelle geknüpft, warum sie für sich selbst eine so nothdürftige, ganz einfache Aussteuer beschafft und war auch deren öfteres längeres

Ausbleiben beim Ausgehen erklärt, über das sie die
Schelte stets so ruhig hingenommen.

Der Gerichtsräthin warmes lebendiges Gefühl
der Dankbarkeit gegen ihre Tochter wurde durch die
Einflüsterungen der Schwester abgekühlt, Diese stellte
Agathens Benehmen als romantisch, theatralisch und
wie gewöhnlich auf Effect berechnet dar und meinte:
das Geld hätte besser als zu einer theuren Wohnung
und solch eleganten Sachen verwendet werden können.
Die Folge der Auseinandersetzung war ein mehr
kühles Danksagungsschreiben und die Versicherung:
„wie das Mutterherz bedeutend mehr durch die Wahr=
nehmung beglückt worden wäre, keine so eigenmäch=
tig und selbstständig handelnde Tochter zu haben."

Was Agathe bei Lesung jenes Briefes gedacht,
empfunden, blieb Mutter und Tante verborgen; sie
erwähnte mit keiner Sylbe ihrer Geschenke und sandte
in spätern Jahren nur Geld zur Ausbildung ihrer
jüngern Schwestern. Die Summen betrugen jähr=
lich mehr als die Hälfte ihres Gehaltes.

Auf alle Nachfragen Frau Harlings bei der Vor=
steherin des Instituts nach dem Betragen und den
Leistungen ihrer Tochter, erhielt sie die befriedigend=
sten Antworten. Das stete Lob freute sie, doch um

so mehr wunderte sie sich, daß Agathe nie ein Wort
der Zufriedenheit über ihre Lage und Verhältnisse
schrieb. Sie fragte daher einmal direct bei ihr an
und da erwiederte Agathe, daß ihre Stellung eine
schwierige, ihr Leben ein sehr trauriges und sie mit=
unter fürchte, nicht den Contract aushalten zu können.

Niemand erschrak über diese ausgesprochene Be=
fürchtung mehr als Fräulein Friederike; sie war
trotz Agathens Abreise nicht an das Ziel ihrer Wün=
sche gekommen, hatte aber die Hoffnung, dasselbe
zu erreichen, noch immer nicht aufgegeben. — Eif=
rig redete sie daher der Schwester zu, die Tochter
zur Erfüllung ihres Contractes anzuhalten, und er=
innerte sie an Agathens kräftige Gesundheit und
blühendes Aussehen. Frau Harling dachte auch, es
sei für ihre Tochter besser, wenn sie an Arbeit und
Entbehrung gewöhnt würde, ermahnte sie daher sehr
ernstlich, ihre Verpflichtungen zu erfüllen und stellte
ihr die Tante in Berlin als Muster vor, welche so
treu in ihrem Berufe ausharre und nie klage.

So harrte denn auch Agathe acht Jahre in ihrer
Stellung aus. Die Vorsteherin wollte den Contract
erneuern und das doppelte Gehalt zahlen, aber Agathe
lehnte jeden Vorschlag ab, sie war entschlossen, Eng-

land zu verlassen. Man bat Frau Harling um ihre
Fürsprache, gewährte ihrer Tochter einen längern
Urlaub nach Berlin mit Gehalt, jedoch wie die Mutter auch brieflich in Agathen drang, diese vortheil-
haften Bedingungen anzunehmen, sie weigerte sich
und deutete ihrer Mutter zuletzt zart aber klar an:
„daß sie jetzt Herrin ihres Thuns sei und nicht mehr
wie früher zu Etwas gezwungen werden könne."

Die Mutter fühlte den Stachel dieser Worte
schmerzlich und Fräulein Friederike ließ es sich angelegen sein, ihn noch tiefer in die Herzenswunde
zu drücken. Nachdem wurde Agathe nicht mehr gebeten, in England zu bleiben, ihr nur angekündigt,
daß sie nach dem Vorgefallenen besser thue, das Haus
der Mutter nicht zu betreten.

Die Vorsteherin schlug nun vor, Agathens jüngste
Schwester als Lehrerin zu engagiren, die Räthin
Harling stand im Begriff, den Contract von dieser
unterzeichnen zu lassen, als ein Brief Agathens sie
davon abhielt. Diese entwarf der Mutter zum ersten Male ein Bild ihres Lebens — Frau Harling
schauderte, denn nach den Angaben war ihre Tochter schlimmer als eine Sclavin behandelt.

Die Tante wollte Agathens Schilderung als zu

stark, zu groß bezeichnen, doch eine Stimme im
Mutterherzen sprach für die Tochter und sie bat
Agathen jetzt dringend: zu ihr zu kommen. Diese
sagte mit Freuden einen kurzen Besuch zu, schrieb
aber zu gleicher Zeit, daß sie sich bereits durch Ver=
mittelung einer Deutschen in Schlesien als Gouver=
nante engagirt habe und ihre neue Stellung wahr=
scheinlich am ersten Mai antreten müsse.

Anfangs April traf Agathe in Berlin ein. Frau
Harling und Marie erkannten in der Ankommenden
kaum Tochter und Schwester wieder. Als blühend
schönes Mädchen war Agathe fortgegangen, als
schwächstes Schattenbild jener Agathe kehrte sie heim.
Von Jugendfrische besaß sie keine Spur mehr, der
Ausdruck von Frohsinn war entwichen. Bleich, die
entsetzlichste Abspannung in allen Zügen, abgemagert
gleich einem Skelett, trat sie Mutter und Schwester
entgegen. Der Ausdruck tiefen Leides schnitt Bei=
den in's Herz und sie brachen in Thränen aus, beim
Anblicke dieser ernsten und traurigen Augen, die
sonst so munter in's Leben geschaut.

Bei dem sichtbaren Schrecke und diesen Mitleids=
thränen wehte Agathe zum ersten Male wieder ein
Anflug ihrer frühern guten Laune an, sie scherzte

heiter über sich selbst und sagte dann tröstend: „Schönheit vergeht, Tugend besteht!"

Daß Agathe diese gute Laune nicht ganz einge-
büßt, war Frau Harlings einziger Trost, sie kannte
den Werth solchen Schatzes und wußte, welch' herr-
licher Talisman er in den rauhen Stürmen des Lebens. Am meisten freute sie sich, daß die Kraft
und Stärke dieses Talismans sich bei ihrer Schwester
bewährte, denn Agathe nahm die Sticheleien und
Eifersüchteleien ihrer Tante jetzt ganz von der komischen Seite und wehrte sich mit Scherz gegen den
Ernst solcher Angriffe.

So brachte denn Agathe trotz ihres mondschein-
artigen Aussehens Sonnenschein in die Mansarde
und heiter und glücklich wie Frau Harling lange
nicht gewesen, war sie während der Anwesenheit
ihrer Tochter. Sie pflegte sie mit rührender Zärtlichkeit, so wie nur eine besorgte Mutter ihr krankes
Kind pflegen kann und das Geld, was Agathe ihr
mitgebracht, verwandte sie einzig zu dem Zwecke,
sie durch kräftige Nahrungsmittel zu stärken. Dankbar erkannte Agathe die ihr erwiesene Liebe an und
so wie sie sich nach und nach geistig von dem Drucke
ihrer frühern Verhältnisse erholte, so erholte sie sich

auch körperlich bei einer Pflege, wie sie solche seit Jahren nicht gehabt.

Zwei Schatten trübten aber fortgesetzt das stille bescheidene Glück der kleinen Familie in der Mansarde. Der erste war die Erwartung des Briefes, der Agathe von Neuem dem Kreise ihrer Angehörigen entreißen sollte, der zweite, der Haß der alten Lehrerin auf ihre einstige Nebenbuhlerin. Zu diesem Hasse gesellte sich von Neuem die blindeste Eifersucht, als Agathe wieder wohler wurde und besseres Aussehen bekam. Der Schein von Farbe, den ihre schmalen Wangen von Zeit zu Zeit annahmen, war so schwach, das hellere Aufleuchten ihres Blickes so selten und doch mißgönnte Beides die Tante der Nichte — dieser ihr so sehr gefährlichen Nichte. Der alte Professor war nämlich seit den letzten Monaten sehr kränklich gewesen und nach jedem bedeutenden Anfalle von Podagra hatte er sich mehr derjenigen genähert, von der er wußte, daß sie nicht abgeneigt, ihn zu heirathen. Inmitten all' ihrer Glückshoffnungen erhoben sich zwei mächtige Hindernisse: Agathe kam nach Berlin und die Gicht verließ den linken Fuß des Professors.mehr und mehr. Mitte Mai war er so weit hergestellt, daß er seinen

heißen Wunsch, Agathe wieder zu sehen, endlich erfüllen und die hohen Treppen zur Mansarde Frau
Harlings ersteigen konnte.

Fräulein Friederike von Schütz ahnte die sehn-
süchtigen Wünsche des Professor. Zu ihrem Heile
hing der alte Junggeselle aber fest an seinen Gewohnheiten, er machte nur Abends Besuche und verließ regelmäßig mit dem Glockenschlage sechs seine
Wohnung. So konnte sie, wenn sie wollte und es
nur einigermaßen schlau anfing, ihn genau beobach-
ten und verhindern, daß er Agathe sah und sprach,
ohne daß sie als Aufpasserin dabei war. Als er
wieder zu gehen vermochte, schlich sie ihm daher
nach. Sie hatte nichts Auffallendes in ihrer Erscheinung, verhüllte weniger aus Rücksichten auf die
Menschen, als aus strengem Sittlichkeitsgefühl ihr
Gesicht stets mit einem dichten Schleier und hätte
also auch der Professor die Gewohnheit gehabt, sich
umzuwenden, wie er sie nicht besaß, so würde er
seiner Kurzsichtigkeit halber nicht das ihm folgende
schmale Schattenbild unter der Verhüllung erkannt
haben.

Drei Tage verfolgte Fräulein Friederike den alten Professor vergeblich — am vierten sah sie ihn

in das Haus ihrer Schwester treten! — Ihr Blut
kochte, ihr Athem stockte, sie mußte einige Secunden inne halten, ehe sie ihm nachschlich. Als sie
endlich ihren Fuß auf den ersten Treppenabsatz setzte,
vernahm sie einen Doppelschrei und den Ton eines
schweren Falls. Sie stürzte die Treppe hinauf, bog
um den vorspringenden Pfeiler und zu ihren Füßen
lag zum ersten Male in ihrem langen Leben ein
Mann und — dieser Mann war der Gegenstand
ihrer Liebe — der Professor der Geographie! — —

Fräulein Friederike hätte über diesen Fußfall
nicht beglückter aussehen können, wenn er kein zu-
fälliger gewesen, sie bemerkte sofort, daß an ein
Hinaufsteigen für den Heruntergefallenen nicht zu
denken war und rief laut um Hilfe, ihn vollends
hinab zu tragen.

Neben ihr stand in demselben Augenblicke eine
eben so schmale, bleiche dunkle Gestalt, wie sie selbst
war, zitternd rief Diese aus:

„O, mein Gott, wenn ich nur nicht Schuld an
dem Unglücke bin! Ich lief so rasch an dem Herrn
vorüber, er starrte mich einen Moment entsetzt an,
wich zurück und stürzte die Treppe hinab.“

„Sie sind schuldlos, meine Dame!“ flüsterte der

am Boden Liegende, deſſen Haupt ſeine Freundin
zu ſtützen bemüht war.

„Wirklich?" rief das entſetzte Tantchen, denn ſie
war die unſchuldige Urſche des furchtbaren Schrecks
des armen Profeſſor, er hatte ſie für Fräulein Friederike gehalten und ſeine durch Gicht ohnehin ſchwa-
chen Füße hatten bei der Wahrnehmung nicht Stand
gehalten — ſeine Kraft ihn verlaſſen, als er ſich
beim Gange zu ſeiner jungen Flamme von ſeiner
alten Liebe überraſcht ſah! —

„Wir wollen den armen Mann hinauf tragen
laſſen!" ſetzte Tantchen gutmüthig hinzu und ahnte
nicht, daß ſie bei Beiden eine wunde Herzensſtelle
berührte.

„Hinauf?" ſchrie Fräulein Friederike wild, „zu
wem?" fügte ſie mit dem giftigſten Blicke auf Tantchen hinzu.

„Hinauf?" flüſterte der Profeſſor beſeligt, „zu
wem?" hauchte er noch leiſer.

Tantchen ſah verwundert von Einem zum Andern, überraſcht fragte ſie:

„Wohnen Sie nicht hier im Hauſe, mein Herr?"

„Der Herr wohnt in der alten Jakobsſtraße!"
antwortete die Lehrerin mürriſch.

„Nummer 72 parterre!“ setzte der Professor ergeben hinzu.

„Ach wie weit, wie weit!“ rief Tantchen, „da
wird es das Beste sein, wenn unser Diener Ihnen
einen Wagen holt, Sie können unmöglich gehen!“

Tantchen riß an der Klingel, der Diener kam.

„Ja, einen Wagen!“ hauchte der Gestürzte mit
einem schwachen Versuche, sich aus den magern Armen seiner Freundin zu erheben, er konnte nicht, sie
hielt ihn kräftig umschlungen und flötete leise:

„Bleiben Sie, bleiben Sie hier ruhen, bis der
Diener den Wagen geholt! Halten Sie sich ganz
still, theurer armer Freund!“

Tantchen hörte nicht die Worte, während sie dem
Bedienten die Befehle ertheilte, sie sah nur die zärt-
liche Besorgniß, das liebevolle Benehmen der Dame
und nahm des Professors unvermeidliches Anschmie-
gen an Fräulein Friederike für die That freier Will-
kür. Rasch combinirend sagte sie:

„Ah, ich merke, die Herrschaften kennen sich,
Mann und Frau, nicht wahr? O wie beklage ich
Sie wegen des Unfalls.“

Der Diener, der an der Thür einer Droschke
begegnet, kehrte zurück und machte den Vermuthun-

gen des Fräuleins ein Ende; seine kräftigen Arme
erhoben den Professor der Erdkunde vom Boden
und dieser schien sich bei dieser Umschlingung viel
wohler zu fühlen, als bei dem Bande Hymens, mit
dem Tantchen ihn umwunden.

„Ich danke, meine Damen, ich danke — leben
Sie wohl!" rief er aufathmend und ging schneller
als man gedacht, daß er könne.

„Ich begleite Sie, mein Freund!" sagte die Lehrerin entschieden, „ich begleite Sie nach Hause, Sie
bedürfen meiner Pflege."

Der Gefallene wäre vor Ueberraschung fast wieder hingefallen, er rief verbindlich:

„Zu gütig, liebes Fräulein, — ich kann das nicht
annehmen, ich danke."

Die Lehrerin ergriff statt aller Antwort seinen
Arm, zog ihn durch den ihrigen und flüsterte liebe-
voll:

„Stützen Sie sich auf mich, Theuerster, ich verlasse sie nicht!"

Dem Professor dunkelte einen Moment vor Augen, er wußte sich nicht zu erklären, ob die Anwand-
lung von Ohnmacht vom Schmerze im Fuße, oder

von der freudigen Aussicht herrührte, eine so treue
Begleiterin zu haben.

Während die drei langsam und vorsichtig die
Treppe hinabstiegen, lief Tantchen so rasch wie möglich hinauf und gelangte ohne weitere Unterbrechung
in die Mansarde.

Frau Räthin Harling, welche zum Nähen nicht
mehr sehen konnte, saß eifrig spinnend am Ofen,
ihre Tochter Marie stand am Fenster, schaute hinaus auf den Abendhimmel, an dem zarte rosa Wöll-
chen langsam dahin glitten und gedachte wohl jener
Zeiten, wo sie das Frühjahr auf dem Lande genießen
würde. Agathe saß am Claviere, spielte und sang
den Lieblingschoral ihrer Mutter, wunderbar ergrei-
fend erklang ihre volle schöne Altstimme und eine
Weile stand Tantchen andächtig den Worten lauschend:

„Man halte nur in Ehrfurcht stille
Und warte bei sich selbst vergnügt,
Wie Gottes Gnad' und heiliger Wille,
Wie sein' Allwissenheit es fügt.‟

Agathe blickte empor, gewahrte das Fräulein und
eilte ihr entgegen.

Zuerst entrichtete Tantchen ihre Schuld, erzählte
von ihrem Gewinn, nahm die herzlichen Glückwünsche

freundlich auf, erkundigte sich, ob Fräulein Agathens
erwarteter Brief eingetroffen sei und meinte dann,
wie Schade es wäre, daß jene Stelle in Schlesien
und nicht in den Rheinlanden sei, indem sie dann
ihre Nichte bis Bonn begleiten könnte.

„Nun ist es auch jetzt nichts mit Agathens Schutze,
so vielleicht, wenn Comteß Wildenfurt zurückreist!"
warf die Räthin hin.

Das Wort „Rückreise" frappirte Tantchen auf
fatale Weise, denn ihre Nichte sollte ja am Rheine
bleiben. Frau Harling sah die Wirkung ihrer Aeu=
ßerung und setzte rasch hinzu:

„Ich meinte damit nichts Bestimmtes, liebes
Fräulein, ich sprach ohne jeglichen Grund einer Mög=
lichkeit, denn Agathens Ziel ist ganz entgegengesetzt."

„Wer kann das sagen!" rief Tantchen, „und wer
weiß, ob sie nicht eine Stelle am Rhein erhält."

„Unmöglich ist allerdings nichts in der Welt,
gnädiges Fräulein, und es kommt so häufig im Le=
ben ganz anders, wie man denkt."

„Wahr, sehr wahr, Frau Räthin, unverhofft
kommt oft!"

Tantchen erzählte nun den Vorfall auf der Treppe
und Frau Harling und ihre Töchter erkannten aus

der Beschreibung sofort die beiden Personen. Als
sie nach dem Fortgehen des Fräuleins den Unfall
des Professors besprachen, sagte Marie neckend zu
ihrer Schwester:

„Wer weiß, was sich heute Abend hier ereignet
hätte, wenn Dein treuer Anbeter nicht das Unglück
gehabt."

„Ja, ja, Mariechen, wer kanns wissen!" antwortete munter Agathe, „alte Liebe rostet ja nicht."

„Wie Schade, daß er fiel."

„Besser vielleicht, daß er von der Treppe, als
aus seinen Himmeln stürzte."

„Gott gebe, Agathe, daß Dein nächster Verehrer
mehr Glück hat."

„Wenn er nur nicht größeres Unglück hat und
ins Wasser fällt."

„Du scheinst ja zu glauben, daß es bei Dir nicht
ohne Unglück abgeht."

„Nein, das glaube ich auch nicht, Marie, Du
siehst — der Erste und Einzige brach fast den Hals."

„So möchte der Zweite und Letzte nicht ertrinken, Agathe, damit er Dich, mein liebes Schwesterchen heirathen und glücklich machen kann."

„Kinder, sprecht nicht so gottlos und nicht solchen Unsinn."

„Du hast Recht, Mutter, namentlich Marien zu ermahnen, denn sie will doch einen Pastor heirathen."

Ein Klopfen an die Thür unterbrach das Gespräch, man öffnete und Frau Harling wurde ein Brief übergeben, ein Brief von Fräulein Friederike, folgenden Inhalts:

„Du, liebe Schwester, bist die Erste, die ich von dem angenehmen Wechsel meiner Verhältnisse benachrichtige. Denke Dir, mein Freund, der Professor, hatte das Unglück, von der Treppe zu fallen und ich fand den Hilflosen. Wir sind seit einer Stunde verlobt! — Der Aermste leidet fürchterlich und bat mich, bei ihm zu bleiben. Du wirst hoffentlich einsehen, liebe Schwester, daß ich meinen leidenden Bräutigam nicht verlassen kann, aber in Anbetracht meiner Stellung als Jungfrau bedürfen wir doch der Welt gegenüber Schutz. Eile daher zu uns und vergiß ja nicht Opodeldoc und Riechsalz mitzubringen, denn Beides erwartet sehnsüchtig

Deine glückliche Schwester

Friederike.

Nachschrift: Sage Agathen, daß mein Bräu-

5•

tigam sie bitten läßt, unsere Verlobung morgen dem ganzen Institute noch vor der Religionsstunde bekannt zu machen."

Nachdem Räthin Harling diesen Brief zwei Mal gelesen, machte sie ihre Töchter mit dessen Inhalte bekannt. Agathe würde ihre Lachlust vielleicht unterdrückt haben, hätte sie nicht bemerkt, wie schwer es ihrer Mutter wurde, ernst zu bleiben. So ließ sie sich denn gehen, lachte herzlich und rief munter:

"Es ist wahr, unverhofft kommt oft! — Ein Anderer verrenkt sich bei einem Falle von der Treppe den Fuß, bricht höchstens Arm und Bein, doch den Professor traf das härteste Unglück, das einem Menschen begegnen kann — er verlor Kopf!"

Viertes Kapitel.

Das Landhaus der Gräfin Wildenfort in Arnau hatte in der Mitte einen großen, nach dem Garten führenden Salon, an dessen linker Seite sich ihr Wohn- und Schlafzimmer befanden, an dessen rechter Seite zwei eben solche Räume stießen, wie sie sie selbst inne hatte; diese ließ sie mit Freuden an dem Morgen in Stand setzen, wo sie von ihrer Schwägerin die Antwort erhalten, daß die jüngste ihrer Töchter „Alice" schon am nächsten Tage mit dem Dampfschiffe in Bonn eintreffen werde, indem sich gute Reisegesellschaft gefunden.

Graf Wildenfort traf seine Mutter im vollen Räumen und Anordnen, zwischen offenen Thüren und Fenstern, im größten Zuge, als er ihr seinen gewöhnlichen Morgenbesuch machte.

„Was um alle Götter willen hast Du vor,

theuerſte Mutter!" rief er bei ſeinem Eintritt überraſcht aus und das heftige Zuſchlagen zweier Fenſter
begleitete ſeine Worte.

„Sie kommt ſchon morgen, lieber Hugo! Schließe
die Thür raſch."

„Wer — ich bitte Dich, wer veranlaßt dieſe Re-
volution, dieſen Zug, dieſen Unfug in Deinem ſtil-
len Hauſe?"

„Deine Couſine Alice kommt, lieber Sohn!"
antwortete die Gräfin mit einem Anfluge von Verlegenheit.

„Wie, morgen ſchon? Gott im Himmel! Du
ſchriebſt ja kaum."

Der Graf machte ſein kläglichſtes Geſicht — die
Mutter mußte lachen, ohne zu wollen. Nach einer
Weile ſagte ſie begütigend:

„Es fand ſich gerade zufällig eine gute Reiſege-
legenheit für Deine Couſine."

„Nun bin ich beruhigt! — Unter guter Reiſe-
gelegenheit verſtand die Tante aus der Reſidenz ſicher
einen unverheiratheten jungen Mann und Alice
kommt hoffentlich als ſeine Braut in Bonn an."

. „Um Dich der Mühe zu überheben, Dich mit
ihr zu verloben?"

„Liebes Mütterchen, ich bin zu alt, zu bequem, um mich Dingen zu unterziehen, die Mühe machen."

„Bei Deiner Cousine würde es Dir vielleicht keine Mühe bereiten —."

Die Gräfin wollte hinzusetzen: „sondern eine Freude sein," jedoch ihr Sohn ahnte das Kommende, schnitt die Rede der Mutter ab und rief rasch:

„Ach Du meinst, sie würde mir die Sache sehr erleichtern, Mama, — ja, das glaub' ich auch, indessen —."

„Nein, Kind, das meinte ich nicht, ich wollte sagen, daß Deine Cousine —."

„Aber, liebe beste Mutter, ist diese meine theure Cousine nicht auch Deine Nichte? Warum nennst Du also Deine Nichte immer „Deine Cousine?" Meinst Du, ich fasse das Glück dieser nahen Verwandtschaft nicht?"

„Mein Sohn, Du scheinst ja heute bei vortrefflicher Laune zu sein."

Das Gesicht des Grafen umdüsterte sich und er sagte nach kurzer Pause ernst:

„Nein, Mutter, ich bin traurig, — mir wird Arnau verleidet sein durch dieses fremde Element — ich will daher fort — wenigstens auf einige

Monate! — Laß uns gleich scheiden, leb' wohl,
Mutter!"

Die alte Frau wurde todtenbleich, sie umschlang
den Sohn zärtlich und rief unter Thränen:

„Nein, mein Hugo, bleib! Alice soll Dich in
Nichts geniren — Alles sollst Du wie sonst finden.
War es Dir so unangenehm, daß sie kam, warum
sagtest Du es nicht, nie — nie würde ich sie dann
eingeladen haben."

„Da sie aber kommt, so laß mich gehen."

„O, Hugo, bleib, wenn sie kommt! Ihre Mut=
ter schreibt mir, sie sei noch ganz trostlos über den
Tod des Vaters, sie könne sich noch gar nicht in
den Verlust finden, vergösse täglich Ströme von
Thränen."

„So muß ich denn wohl bleiben, um sie zu trö=
sten?" fragte der Graf lächelnd.

„Ja, ja!" rief die Mutter freudig.

„Unter einer Bedingung will ich es thun."

„Ich gehe auf jede ein, mein Sohn."

„Wenn ich das nächste Mal Arnau verlassen
will, so darfst Du mich nicht zurückhalten."

„Du sollst frei sein, frei, wie Du es bisher
immer warst, Hugo."

Voll Ehrfurcht küßte der Sohn die Hand, die
ihn an dem Tage zum ersten Male im Leben zurück-
hielt und eine Fessel anlegte. Diese wenigen Worte
der Mutter hatten ihn tief gerührt, tief bewegt,
ihn stark und mächtig an eine Zeit gemahnt, wo
seine Mutter gehandelt, wie vielleicht keine andere
Mutter gehandelt, wo sie ihm eine so volle Freiheit
gelassen, wie sie vielleicht nie einem Sohne gelassen
worden! — Um seine heftige Erregung zu verbergen, wählte er jenes ihm jederzeit zu Gebote stehende
Mittel -- den Scherz — und rief munter:

„Also einen vollständigen Freibrief, Mamachen.
Gut, mit solchem Talisman in der Tasche wage
ich Alles, selbst Dich nach Bonn zu begleiten, um
„meine Cousine" am Dampfschiffe zu empfangen."

„Wie gut, wie seelengut Du bist, mein Sohn."

„Eine wahre Perle, Mütterchen, ein solcher seltener Edelstein, daß Du eigentlich Alles aufbieten
müßtest, dieses Kleinod Dir ganz und ungetheilt zu
erhalten."

„Ja, Hugo, Du hast Recht, Dein Herz ist ein
Edelstein, doch wenn er auch in andere Hände über-
ginge, dieser Brillant hat zu viel Feuer, um nicht
auch mich noch erwärmen zu können, zu viel Glanz,

um nicht auch mein Dasein zu erhellen, selbst wenn er auch den vollsten strahlendsten Sonnenschein auf das junge Leben einer Andern würfe."

Graf Wildenfurt trat durch die offenen Glas- thüren des Salons auf die Veranda und indem sein Blick trüb und gedankenvoll zu den vom Morgen- sonnenglanze umleuchteten stahlblauen Kuppen des Siebengebirges hinüberschweifte, sprach er leise vor sich hin:

„Wie unendlich glücklich könnte ich sie durch Er- füllung ihres heißen Wunsches machen! — Könnte, o nein, nein, ich kann nicht — ich werde es nie, nie können!"

„Der Mensch denkt und Gott lenkt!" ertönte es plötzlich in nächster Nähe des Grafen, er blickte sich um und gewahrte den alten David, der neben dem Gärtner stand, welcher sein betrübtestes Gesicht machte: denn Albano, des Grafen treuer Neufundländer, hatte eine Promenade über sein schönstes Blumen- beet angetreten und die Blumen zerknickt, die zum Empfangskranz für Alice Wildenfurt in Arnau be- stimmt waren.

Albano mußte sein Verbrechen ahnen, denn mit eingezogenem Schwanze schlich er leise auf dem breitesten Wege des Gartens zu seinem Herrn und der vom Grafen sehr geliebte und verwöhnte Hund fand an ihm wie stets einen milden Richter.

Die Gräfin nahm den Vorfall weniger ruhig auf, doch auch sie konnte Albano nicht zürnen, als er sie mit seinen klaren Augen so treu anblickte, sie sagte nur traurig:

„Es ist Alicen wohl nicht bestimmt, daß ihr hier Blumen blühen sollen!"

Der Gärtner sprach die Hoffnung aus, daß bis zum nächsten Morgen neue Blumen erblühen könnten und David, der die leise geredeten Worte seiner Herrin gehört, fühlte sich durch ihren betrübten Gesichtsausdruck zu einer doppelten Leistung veranlaßt und sagte rasch:

„Es ist noch nicht alle Tage Abend und — unverhofft kommt oft!"

„Unverhofft kommt oft!" das dachte die Gräfin voll Verzweiflung, als sie am nächsten Tage kaum eine Viertelstunde mit ihrer Nichte zusammen war, — „unverhofft kommt oft!" das flüsterte der Graf lachend seiner Mutter zu, als seine Cousine ihm den ersten Beweis ihres vollen Vertrauens gegeben.

Alice Wildenfurt, die anstatt der erwarteten Lie-

beserklärung die Nachricht erhalten: „daß Baron
Granfeld sich mit einer Andern verlobt," war von
ihrer klugen berechnenden Mutter sofort von Berlin
fortgeschickt worden, um durch ihren leidenschaftlichen
Schmerzensausbruch über die Untreue ihres Geliebten
keinen Eclat herbeizuführen. Voll Verzweiflung war
das junge Mädchen abgereist, hatte kaum den Ermahnungen der welterfahrenen Mutter Gehör geschenkt, war überzeugt, daß Baron Granfeld sich
nicht verlobt und langte daher unter heißen Thränen
an den Ort ihrer Bestimmung.

Mit mütterlicher Zärtlichkeit schloß Gräfin Wildenfurt am Dampfschiffe ihre weinende Nichte in die
Arme, mit brüderlicher Herzlichkeit reichte Graf Hugo
seiner augenscheinlich tief leidenden Cousine die Hand
und während Beide mit dem aufgeregten trostlosen
Mädchen Bonn verließen, dachten sie, wie dieser
Empfang so ganz anders sei, als sie geglaubt hatten.

„Du armes, armes Kind!" rief die alte Gräfin
mit feuchtem Auge und schloß ihre Nichte von Neuem
in die Arme, als Bonns Straßen durchfahren und
sie die Chaussee erreicht. „Du armes Kind!" wiederholte sie noch gerührter, als Alice schluchzend die

Arme um ihren Hals schlang und mit von Thränen
erstickter Stimme sagte:

„Ach, ich kann es noch immer nicht glauben, es
ist zu furchtbar!"

„Ja, liebes Kind, es ist hart, daß Du so früh
den Vater verloren, sehr hart!"

Alice blickte auf und sagte verwundert:

„Den Vater verloren? Ach ja! — Papa ist aber
schon sehr lange todt! Die Andern tragen bereits
Halbtrauer, nur weil mir das Schwarz so gut steht,
behielt ich Krepp und Wolle bei."

Die Gräfin war so überrascht durch die uner-
wartete Entgegnung, daß sie keines Wortes mächtig,
ihres Sohnes Antlitz umzuckte ein Lächeln, er ver-
bannte es und sagte ruhig:

„So weinst Du wohl über die Trennung von
Mutter und Schwestern, liebe Alice?"

Ein tiefes Roth überflog das zarte Gesicht des
jungen Mädchens, ihr blaues Auge leuchtete von
Zorn, als sie hastig entgegnete:

„Darum weinen? — O nein, Mama hat schlecht
an mir gehandelt, daß sie mich fortschickte und die
Schwestern, ach ich bin böse auf sie, daß sie mich
so auslachten und — und es ist doch nicht wahr."

Alicens letzte Worte waren durch ihr heftiges Weinen fast unverständlich, ihr Cousin hatte sie aber dennoch gehört und fragte sanft:

„Was hältst Du für unwahr, — was ist's, das Du nicht glauben kannst, Alice?"

„Ach, Hugo, ach, Tante, vielleicht könnt Ihr mir helfen, aber es muß rasch geschehen, ich muß bald nach Berlin zurück!"

„Nach Berlin zurück?" rief der Graf überrascht.

„Ja, denn sieh, was soll er denken, daß ich abgereist bin."

„Wer, liebes Kind?"

Der Graf fühlte die wärmste Theilnahme für den Glücklichen, um den seine, ihm von der Mutter zugedachte Cousine trauerte.

„Wer? So wißt Ihr nichts?" fragte Alice erstaunt. „Die Mutter versprach mir doch, Euch den Grund meiner Trauer zu schreiben. Sie schrieb davon nichts?"

„Nichts!" antwortete die Gräfin in Verzweiflung, daß alles verloren.

„Nichts!" wiederholte der Sohn voll Hoffnung, daß er nichts mehr zu fürchten.

„Nun," rief Alice erregt, „Baron Granfeld

liebte mich, seitdem er mich im November auf dem
Balle beim Minister Z.. gesehen! Er tanzte immer
mit mir den ersten Walzer den Cotillon bei Geheim-
rath O... Das war kurz vor Papas Tode, da sagte
er mir, daß ich nicht allein die Königin des Balles,
sondern auch die Königin seines Herzens sei. Mama
erwartete nach dieser Liebeserklärung seinen Heirathsantrag und daß er ihn nicht gemacht, lag sicher einzig daran, daß in jenen Tagen der Papa so sehr
krank wurde und dann starb. Ach er starb wirklich
zur ungelegensten Zeit, der gute Vater. Mama
meinte, das sei nicht zu ändern und so ertrug ich
denn das Unglück. So schnell wie möglich gingen
wir aber wieder ins Theater und Granfeld kam immer in unsere Loge! Noch vor vierzehn Tagen sprach
ich ihn dort und er war davon entzückt, wie schön
mir die tiefe Trauer stehe, ich hatte mein Kreppkleid
an, ach es war ein köstliches Ballet an dem Abend.
Granfeld liebt sehr die Ballets! Du auch, lieber Hugo?"

Gräfin Wildenfurt saß bei den Herzensergießun-
gen ihrer Nichte wie auf Nadeln, das Gesicht ihres
Sohnes zeigte eine unerschütterliche Ruhe, nur bei
Alicens letzter Frage umspielte ein leichtes Lächeln
seine Lippen und er fragte nicht ohne Ironie:

„Wolltest Du eigentlich nichts Anderes erzählen, liebe Cousine?"

„Ja, gewiß, es hängt aber damit zusammen!"

„In wiefern? Tanzte der Baron mit bei dem Ballet?"

Alice lachte und rief heiter: „O wie komisch Du fragen kannst!" weinte dann von Neuem und sagte erregt: „Nun kommt die alte hämische Excellenz Basse, deren mulattenartige Töchter so neidisch auf meinen Teint sind, neulich zur Tante Clotilde und bindet der guten Seele das Mährchen auf, daß Baron Granfeld sich mit der Tochter des reichen Bankiers A... verlobt. Das ist aber wie gesagt unmöglich, denn an jenem Theaterabend, wo ich mein Kreppkleid anhatte, machte er sich über diese Dame lustig. — Mama glaubte Tantchens Bericht und meinte, es sei das Beste, wenn ich über Hals und Kopf abreiste und Olga, die ärgerlich war, daß ihr die Frau Gräfin in Arnau entgehen könnte, rächte sich durch Lachen. O es war ein entsetzlicher Abend, und welche Tage des Jammers sind diesem Abend gefolgt, denn ich bin trostlos, daß man mich statt Olga fortschickte."

Alice war unfähig weiter zu reden, Mutter und Sohn wechselten einen Blick und als die alte Frau

seufzend die Hände faltete, flüsterte ihr Hugo das
Lieblingssprichwort des alten David zu, denn Alles
kam so ganz anders, wie beide erwartet und nur
jene eine feste Vermuthung des Sohnes bestätigte
sich, daß seine Berliner Tante mit der Reise ihrer
Tochter nach Arnau den Gedanken verbinden würde:
„sie bald als Frau Gräfin Wildenfurt begrüßen zu
können.“ Seine Mutter hatte in ihrer Arglosigkeit
die sich darauf beziehenden Worte Alicens überhört;
um dem ihr so äußerst fatalen Gespräche eine andere Wendung zu geben, fragte sie: „ob Olga gern
nach Arnau gekommen sein würde,“ und regte durch
diese Aeußerung ein Thema an, bei dessen Besprechung klar die ganze Unbesonnenheit ihrer Nichte und
das schlaue Berechnen deren Mutter ans Licht trat.
Voller Unbefangenheit erzählte Alice, wie erfreut
Olga gewesen wäre, als ihr die Reise nach Arnau
bestimmt worden, mit der ihr eigenen Taktlosigkeit
berichtete sie die Hoffnungen, die man für ihre Schwester an den Aufenthalt geknüpft, es schien ihr eine
Art von Vergnügen zu machen, darüber zu reden,
daß sie nicht allein in ihren Erwartungen getäuscht
sei. Gräfin Wildenfurt hätte vor Unruhe und Un-
behaglichkeit bei diesen Erörterungen aus dem Wa-

gen springen mögen, das herzliche Lachen ihres Sohnes ließ sie einzig darin ausharren und es wälzte
sich wie ein Stein von ihrer Seele, als sie bemerkte,
daß er die ganze Sache von der humoristischen Seite
auffaßte und seine offenherzige Cousine durch ge-
schickte Fragen zum unumwundesten Erzählen veranlaßte.

Als Alice Alles ausgeplaudert, rief der Graf
munter:

„Nun, Alice, wenn das Märchen der alten bösen Excellenz Wahrheit sein sollte und Du eben so
schmählich um Baron Granfeld gekommen bist, wie
ich um die schöne Olga, so wollen wir uns in Arnau zusammen trösten und den Leuten beweisen, daß
der Schmerz uns nicht das Herz gebrochen."

Alicen fielen in dem Augenblicke die Worte ihrer
Mutter ein, die ihr gerathen, sich um des Vetter
Hugos Gunst zu bemühen und Granfeld dadurch
am tiefsten zu strafen, daß sie eine noch bessere Partie
mache als er, sie sah Den zum ersten Male aufmerksam an, der sich mit ihr trösten wollte und fand
— daß er auch kein übler Tröster für sie sei! —

Dem scharfsichtigen Mutterauge entging weder
der Blick des Wohlgefallens, mit dem ihres Sohnes

Auge auf der reizenden kleinen Coufine ruhte, noch das Erröthen ihrer hübſchen Nichte, als ſie lieblich lächelnd Demjenigen die Hand reichte, der ihr einen ſo angenehmen Vorſchlag gemacht. Sinnend ſchaute die alte Frau beide an und freudig zitterte ihr Herz bei den Gedanken, die ſich bei ihren kleinen Wahrnehmungen in ihrer Bruſt regten. Leiſe ſagte ſie vor ſich hin:

„Der alte David iſt gar nicht ſo dumm, nur Sprichwörter zu gebrauchen und er hat gewiß nicht unrecht, wenn er ſagt: „Es iſt noch nicht aller Tage Abend, denn — unverhofft kommt oft!"

————

Fünftes Kapitel.

Ende Juni bestätigten zwei Zeitungen die Nachricht, die Alice im festen Vertrauen auf Baron Granfelds Treue für ein Märchen gehalten. Diese öffentliche Anzeige seiner Heirath wurde indessen von Der, die einst so bestimmt seinen Antrag erwartet, viel ruhiger aufgenommen, als die Kunde seiner Verlobung. Sechs Wochen hatten hingereicht, Alice zu trösten und zwar so vollständig, wie eben nur solche Naturen fähig sind, getröstet werden, bei denen das schnelle Auflodern einer Herzensempfindung mit dem Absterben derselben fast Hand in Hand geht, die eben so leichtsinnig ein Band anknüpfen wie lösen und mit einem so enormen Vorrath von Liebesgefühlen gesegnet sind, daß sie jeden Mann damit zu überschütten vermögen, der nur einigermaßen in der Lage ist, heirathen zu können und ihnen das in der

Welt zu bereiten, was diese Gattung Mädchen ein
„Sort" nennt.

So hatte denn Alice von Wildenfurt sehr bald
eine eben so tiefe Liebe für ihren Vetter Hugo empfunden, wie solche sich einige Monate zuvor bei
Baron Granfelds Annäherung in ihrem Herzen ge-
regt. Ende Juni war sie eben so glücklich, eben so
fröhlich in ihren neuen Hoffnungen, wie im Monat
Mai in Erwartung der Erfüllung anderer! — Sie
dankte ihrer Mutter von ganzer Seele für ihre weise
Einsicht und ihren Schwestern versicherte sie in jedem
Briefe von Neuem, daß bald der Zeitpunkt anbrechen
werde, wo sie ihr höhnisches Lächeln mit triumphiren-
dem Lachen beantworten könne.

Zu Alicens unsagbarem Erstaunen verzögerte aber
Hugo von Wildenfurt die Erklärung, die sein Glück
und das ihre begründen sollte, er blieb — was er
von Anfang an gewesen — der stets gefällige, auf-
merksame Vetter, der seine schöne Equipage ganz
zur Verfügung der reiselustigen Cousine stellte und
Gesellschaften gab, wenn sie wünschte Leute zu sehen,
im Uebrigen that er nichts Anderes, was er nicht
bereitwillig für jeden Gast seiner Mutter gethan haben würde.

Den Grafen sprach das offene natürliche Wesen
Alicens an, er belachte oft herzlich ihre Unvorsich-
tigkeiten, ihn reizte immer von Neuem ihr kindlicher
Frohsinn und ihre jugendliche Heiterkeit, sie brachte
Leben nach Arnau, sie erheiterte seine Mutter und
zerstreute ihn. Wie er ihr aber auch zeigte, daß er
sie als Cousine gern hatte, eben so verrieth er nie
ein tieferes Interesse für sie. Um dieses ihr fehlende
Interesse zu erregen, fing Alice an Neigung für die
Beschäftigungen zu zeigen, die des Grafen Freude
und Erholung waren, sie fragte ihn, ob er ihr Mu-
sik- und Zeichnenstunde geben wollte und Hugo von
Wildenfurt erfüllte mit freundlicher Bereitwilligkeit
diese neuen Wünsche seiner Cousine. Er war Mei-
ster in der Musik und sein Talent zum Malen erhob sich weit über den gewöhnlichen Dilettantismus.
In den ersten Wochen war Alice die eifrigste Schülerin und ihre Fortschritte erfreuten den Lehrer, als
aber ihr Fleiß fast zwei Monate angehalten und die
Belohnung noch immer nicht erfolgte, die sie erwartete, da verlor sie die Geduld, sie fand das Ueben,
das Studiren langweilig,. ihren Lehrer pedantisch
und wurde verstimmt, verdrießlich! —

Weder der Gräfin noch ihrem Sohn entgingen

die Herzenszustände Alicens. Während aber die
Mutter Hoffnungen an die frohe Laune und den
Lerneifer ihrer Nichte geknüpft, hatten diese Wahrnehmungen Befürchtungen im Herzen des Sohnes
erregt und als er sah, welche Wendung der Stand
der Dinge nahm, traf er seine Vorkehrungen, Etwas
von sich abzuwenden, das ihn als Last zu drücken
begann.

Ein heißer Tag des Augusts neigte sich zu Ende,
als Graf Wildenfurt die Veranda betrat, wo seine
Mutter saß. Sie hatte ihn in den letzten Tagen
weniger gesehen und wußte, daß es die Capricen seiner Cousine gewesen, die ihn von sich fern gehalten,
der Ausdruck von Freude wich aber schnell aus ihrem
Antlitze, als sie den Ernst bemerkte, der auf seinem
Gesichte lag, ein Ernst, so tief, daß etwas Lächeln
fern hielt, mit dem er sonst stets die Mutter zu begrüßen pflegte. Er nahm an ihrer Seite Platz, er
schien Etwas sagen zu wollen und schwieg bei dem
bekümmerten Blicke des treuen Mutterauges, nur
von Zeit zu Zeit drückte er leicht die Hand, die ihm
zum Willkommen gereicht worden und die er nicht
wieder frei gelassen. So saßen sie denn Beide vereint, wie sie schon so manchen Abend gesessen und

doch war es anders, wie es je unter ihnen gewesen,
sie konnten zum ersten Mal nicht den rechten Ton
treffen, zum ersten Male im Leben nicht das richtige
Wort finden, eine Verständigung anzubahnen, die
sonst nie zwischen Mutter und Sohn gemangelt.
Die Zeit verstrich bei ihrem Schweigen ebenso schnell,
wie sonst bei ihrer fließenden Unterhaltung, ihnen
Beiden aber war es als sei jede Secunde eine Ewig-
keit, jede Minute eine Centnerlast für ihre Herzen!
— Immer länger, immer dunkler wurden die Bau-
messchatten, immer leiser, immer seltener der Gesang
der Vögel, — um die blauen Spitzen des Siebengebirges legten sich weiße Nebelschleier und hier und
da tauchte zwischen den langsam am Abendhimmel
hingleitenden leichten Wolken ein goldener Stern
auf. Die [...]ebliche Stille dieses milden Sommer-
abends u[...]erbrach plötzlich der schrille Ton eines
falschen Accords und der Dissonanz folgten im wirr-
sten Durcheinander die Melodien eines Gungel'schen
Walzer. Alice Wildenfurt war es, die im Salon
eines ihrer Lieblings- und Meisterstücke vortrug, die
geöffneten Fenster gestatteten dieser Welt von falschen
Tönen den ungehindertsten Durchzug zur Veranda!
— Der Graf fuhr zusammen, ein Anflug von Miß-

ſtimmung zeigte ſich in ſeinem Geſichte, — er ſtand
auf und verließ die Veranda. Noch war er zehn
Schritte weit entfernt, als der Ruf ſeiner Couſine
ihn zur Umkehr veranlaßte.

„Du wünſcheſt Etwas?" fragte er verbindlich,
aber mit eiſiger Kälte.

„Ja, Hugo, daß Du nicht davon laufen ſollſt,
wenn ich ſpiele!"

„So klimpere nicht dieſe elenden Walzer, ich bat
Dich ſchon oft darum."

„Klimpern? — Du biſt ſehr galant, Herr
Vetter!"

„Ich bin es eben ſo wenig wie vorgeſtern, als
ich mit ernſten Worten Dein Spiel tadelte und Du
mir ankündigteſt, keine Stunde mehr bei mir nehmen
zu wollen."

„Du warſt zu unartig!"

„Ich ſprach offen meine Meinung aus, in der
Hoffnung Dich zu ernſtlicherm Studium zu bewegen,
denn Du haſt Talent."

„Auch zum Zeichnen, Herr Vetter?"

„Auch dazu!"

„Und doch ſagteſt Du —"

„Daß Du ſchlecht und nachläſſig gezeichnet."

„Ich bitte die Wiederholung zu unterlassen.“

„Gern stehe ich von einem Rechte ab, das Du mir Anfangs beim Unterrichte gabst, liebe Alice.“

„Du mißbrauchtest es und wurdest unhöflich.“

„Ich sagte die Wahrheit, die ich als Verwandter und älterer Mann in der besten Absicht aussprach.“

„Die ich mir aber in solcher Fassung für immer verbitte.“

„Du wirst sie vielleicht nie mehr von mir hören, liebe Alice, denn —,“ der Graf hielt eine Secunde inne, er blickte mit tiefer Trauer auf seine Mutter und als er fortfuhr, zitterte seine Stimme: „ich ver= lasse noch heute Abend Arnau und wenn ich im Win= ter zurückkehre, bist Du, liebe Alice, wohl längst wieder in Berlin.“

Während die Gräfin mit todtenbleichem Gesichte stumm zu ihrem Sohne aufblickte, rief Alice heftig:

„Wie — Du willst fort? das darfst Du nicht.“

„Glaubst Du mich durch Deine Gungel'schen Walzer an Arnau zu fesseln?“ fragte er lächelnd.

„Ich will sie nicht wieder spielen, Hugo.“

„Halte das Wort, Alice, es wird zu Deinem Vortheile sein, und da ich wahrscheinlich zum letzten Male mit Dir in solcher ernsten Weise rede, so nimm meinen Rath an! Benutze die Zeit, vertändle sie nicht ewig in Nichtigkeiten, denn einmal dahin, ist sie unwiederbringlich verloren. Du bist zwar noch sehr jung, aber für Dein Alter doch gar zu unwissend und jedes Deiner hübschen Talente ganz unausgebildet und —."

„Kein „und" mehr, Hugo, ich hörte genug, will dergleichen nicht hören! Leb wohl und — glückliche Reise!" Alice hatte sich bei ihren Worten die Ohren zugehalten und war dann laut weinend in das Haus gelaufen. Klirrend schlugen die Glasthüren hinter ihr zu.

„Wie konntest Du ihr das sagen, Hugo?" sprach die Gräfin mit sanftem Vorwurfe.

„Um sie von ihren Einbildungen zu heilen und sie vielleicht zu dem Entschlusse zu bringen, anders zu wer— Kommt sie zur Einsicht — bitte, Mutter — dann hilf Du ihr weiter, sie ist so jung, es sind viele gute Anlagen. ihr. Pflege diese Keime — sie wird es Dir einst danken!"

„Daß es so gekommen ist, Hugo! Ich knüpfte so ganz andere Hoffnungen an Dein Bestreben, sie aus zubilden!" sprach die Gräfin seufzend.

„Meine Bemühungen, sie besser zeichnen und

spielen zu lehren, ihr einige nothwendige Kenntnisse in den Wissenschaften anzueignen, scheiterten an ihrer Idee, in mir einen Courmacher und Bewunderer ihrer Schönheit sehen zu wollen."

„Sie ist doch reizend!"

„Gewiß, Mutter, aber wäre sie noch zehn Mal schöner, sie bliebe mir ungefährlich durch ihre Ober= flächlichkeit, durch ihre Arroganz!"

„Vielleicht wird sie anders und kehrst Du zurück, so —."

„Das hoffe nie, Mutter, was Du eben sagen wolltest."

Der Graf setzte sich wieder neben seine Mutter, streichelte sanft ihre Wange und fragte leise:

„Kann Dein Sohn Dir nicht allein genügen, meine liebe Mutter, kann ich Dir nicht Ein und Alles sein, wie Du es mir doch bist, — Du in meinem Besitze nicht das Glück finden, das ich in Dir habe?"

Ein inniger Kuß war die Antwort der Mutter, Hand in Hand blieben sie sitzen, Aug' in Aug' sen= kend und in dem Herzen all' die Liebe lesend, die sie seit Jahren verband.

„Darf ich Dich etwas fragen, Hugo, das ich

noch nie zu wissen begehrte?" sagte die Gräfin nach langer Pause mit sanfter Stimme.

Eine tiefe Blässe legte sich über des Grafen Antlitz, er zögerte eine Weile, dann antwortete er ruhig:

„Was wünscht meine Mutter zu erfahren?"

„Hast Du nie geliebt, Hugo?"

„Ja, und zwar so heiß, so tief, wie nur ein Mann zu lieben vermag, so — daß ich nie wieder lieben kann, Mutter."

„Wie kams, daß Du mich mit dieser Liebe nicht vereinigtest?" fragte die Gräfin voll Theilnahme.

„Frage nicht weiter, Mutter!"

„O nein, sag' mir Alles, sag' mir zuerst, warum heirathetest Du sie nicht?"

„Sie war verheirathet, als ich sie kennen lernte."

„Wie? — Du eine Frau — das Eigenthum eines Andern lieben? Wie war das bei Deinem streng rechtlichen Charakter möglich? O, Hugo, solches Unrecht — solche Sünde mußte sich bitter bestrafen!"

„Verurtheile mich nicht, liebe Mutter, ehe Du Alles erfahren! — Auf der Ueberfahrt nach Asien traf ich auf dem Schiffe mit einer englischen Familie zusammen, — Eltern, die ihre einzige Tochter

vier Monate zuvor an einen reichen, aber kränklichen
Erben, den Lord Edward Hallyle, verheirathet und
dem die Aerzte längern Aufenthalt in Cairo verord-
net. Lady Amabel Hallyle zählte achtzehn Jahre,
war blühend wie eine Rose, heiter wie der junge
Morgen — ihr Gatte nur zehn Jahr älter und doch
ein Greis! Wir wurden bekannt — wir befreunde-
ten uns später, die Eltern behandelten mich wie
ihren Sohn, den jungen Leuten war ich Bruder!
— Der Aufenthalt in Aegypten hatte nicht den er-
wünschten Erfolg auf Lord Edwards Gesundheit,
dazu kam Sehnsucht nach der Heimath. Er bat mich,
ihn nicht zu verlassen, ihm die kurze Zeit, wo er
noch auf Erden sei, meinen Umgang nicht zu entziehen und mit dieser Bitte vereinigte sich die seiner
Frau und Schwiegereltern. So reiste ich denn mit
ihnen und zu jener Zeit fesselte mich kein anderes
Band an die ganze Familie, als das der reinsten Freundschaft, damals bewunderte ich Lady
Hallyle nur wegen ihrer seltenen Aufopferungsfähig-
keit, wegen ihrer Pflichttreue. In England angelangt, geleitete ich Lord Edward und seine Frau
nach Heavencourt in Cumberland, er war dem Tode
nahe, sie in Verzweiflung. — — Monate lang währte

seine Krankheit und seine Frau und ich wichen nicht
von ihm. Eines Nachts, als er zu sterben glaubte,
die Aerzte ihm nur noch stundenlanges Leben ver=
heißen, da richtete er zu meiner größten Ueberraschung
die Bitte an mich: „seine Frau nach seinem Tode
nicht zu verlassen und nach Ablauf der Trauerzeit
mich mit ihr zu verbinden." Auf meine Entgegnung,
daß ich nie daran gedacht, seine Frau zu lieben und
ihm kein solches Versprechen leisten könne, drang er
ernster in mich, — ich konnte ihm das Gelübde
nicht ablegen, er rief seine Frau — sie flehte ihn
an, nicht solche Gedanken zu hegen, er blieb bei sei=
ner Behauptung, nur dann ruhig sterben zu können,
wenn er die Erde mit dem Gefühle verlasse, uns
nach seinem Tode vereinigt zu wissen. Auf seine
stete Wiederholung: „Ihr werdet Euch lieben, Ihr
seid für einander geschaffen," da legte Amabel Hallyle
endlich ihm eine Hand in die seine, und indem sie
mir die andere reichte, sprach sie leise, aber fest die
Worte, die seitdem wie mit Flammenschrift in mein
Herz gegraben waren: „Edward, ich gelobe Dir,
Hugo Wildenfurt meine Hand zu geben, wenn er sie
einst von mir verlangen sollte zum Bunde fürs Le=
ben!" — Lord Hallyle beruhigte sich mit diesem

Versprechen, drückte uns Beide an sein Herz und
schloß die Augen. — Seine Todesahnung erfüllte
sich nicht — sein Zustand hatte die Aerzte getäuscht
— er blieb am Leben! — Als er wohler war, bestand er darauf, eine Reise nach Italien zu machen.
In Nizza — ein Jahr, nachdem seine Frau ihm das
Gelübbe abgelegt, befand Lord Hallyle sich abermals
an der Pforte des Todes — und als er zu jener
Zeit dieselbe Bitte an mich richtete, deren Erfüllung
ich einst nicht versprechen konnte, — — — — zu
jener Zeit, da sagte nicht allein mein Mund ein lei-
ses Ja, sondern tausend Stimmen riefen es laut in
meinem Innern und mein Herz war voll Jubel, daß
seine brennende Sehnsucht gestillt werden sollte, gestillt werden konnte! — Lord Edward hatte Recht
gehabt, indem er sagte, seine Frau und ich würden
uns einst lieben und wir wären für einander geschaffen. Bitteres Unrecht hatte er aber gethan, solche
Gedanken auszusprechen, solche Gefühle in uns zu
erwecken! O Mutter, Mutter, welche Stunden des
Elends hatte Dein Sohn in diesem einem Jahre
durchlebt! — Die Freundschaft war der Liebe gewichen, einer Liebe, die einst von der Hand des Todes in die warmen Herzen der Lebenden gepflanzt,

dort starke mächtige Wurzel geschlagen. Amabel Hallyle und ich wir sanken zu jener Zeit nicht an die Brust des Sterbenden, der segnend seine Hände auf unsere Häupter legte, sondern fest ruhten wir Arm in Arm und als wir aus kurzem Glückstaumel in die Wirklichkeit zurückkehrten, das selige Lächeln desjenigen sahen, der uns selbst vereinigt hatte, da flehten wir nicht mehr wie einst: „daß Gott ihn am Leben erhalten möchte!" — Lord Hallyle überwand auch diesen Anfall, kehrte vom Rande des Grabes an die Schwelle des Lebens zurück und erholte sich von dem Zeitpunkte an sichtlich! — Indem er langsam auf dem Wege der Genesung vorschritt, erfaßte seine Frau ein Uebel, das wohl nur durch starke gewaltsame Gemüthserschütterungen und tausend innere Kämpfe hervorgerufen, sie rasch dem Tode entgegen führte! — Die Aerzte hofften, ein Aufenthalt in Madeira könne sie dem Leben erhalten, wir reisten dahin, doch ihre zarte Natur erlag bereits den Anstrengungen der Reise, sie hatte sich stärker gezeigt als sie war, sie kam ganz geschwächt dort an und acht Tage später an ihrem zweiundzwanzigsten Geburtstage, folgten wir ihrem Sarge! — Als die Erde dröhnend auf diesen Sarg fiel, der mein Leben, meine

Liebe barg, da schwanden meine Sinne und erst nach Wochen kam ich wieder zum klaren furchtbaren Bewußtsein dessen, das ich verloren. — Mein treuer Pfleger war Edward gewesen; als ich genesen, brach seine Kraft zusammen und sechs Monate nach Amabels Tode war er von Neuem mit seiner Frau vereint! — Ich reiste, — reiste so lange, bis der ewige Wechsel des Reiselebens mich den entsetzlichen Wechsel meines Schicksals ertragen gelehrt und als ich ruhiger geworden, als ich mich überzeugt hielt, Dir durch meinen Anblick kein zu tiefes Weh mehr zu bereiten, da kehrte ich mit Albano, Amabels treuem Begleiter, ins Vaterland zurück! — Mit gebrochenem Herzen, gebeugtem Muthe kam ich zu Dir, meine Mutter, und bei Dir fand ich, was ich seit ihrem Tode vergeblich gesucht — Frieden, tiefen innern Seelenfrieden! — Du wolltest mir noch mehr geben und bei diesen Versuchen, mir Glück zu verschaffen, büßte ich das Einzige ein, das mein Trost gewesen, die Ruhe! — So gehe ich denn noch ein Mal von Dir und laß mich, wenn ich nach Monaten zu Dir zurückkehre, wieder das finden, das nur in der Welt meine Freude ist und meinem Leben Reiz giebt — nämlich, den stillen Frieden un-

seres schönen Verhältnisses und — Deine treue
Liebe!"

Der Graf beugte sich zu der Hand seiner Mutter herab, küßte sie zärtlich und ihre Thränen fielen
langsam auf sein weiches lockiges Haar, das ihre
zitternden Finger mechanisch streichelten, er fühlte
diese Thränen nicht, ahnte sie aber und fester drückte
er die Hand, die seine Rechte umschloß. So ver-
harrten sie lange Zeit in stummem und doch so be-
redtem Schweigen — Niemand störte sie — außer
Albano war kein lebendes Wesen in der Nähe und
der kluge treue Hund verhielt sich ganz ruhig, nur
als seines Herrn Reisewagen am Thore des Gartens
vorfuhr, stieß er ein kurzes Freudengeheul aus. Das
arme Thier schien jede Reise mit dem Gedanken anzutreten, an andern Orten Die wieder zu finden,
die er ewig vermißte!

Der Graf erhob sich beim Geräusche des vor-
fahrenden Wagens und als er am Thore hielt, schloß
er seine Mutter mit thränendem Auge in die Arme.
Noch ein Kuß, ein kurzes Lebewohl, dann entriß er
sich dem einzigen Herzen, das er in der weiten Welt
liebte und bald verkündete der immer mehr im Dunkel der Nacht verhallende Ton der Räder diesem so

7*

stark und mächtig klopfenden Herzen, daß es wieder allein.

Als das aufmerksam lauschende Ohr nichts mehr vernahm, da brach die Kraft der alten Frau und erst ein Thränenstrom erleichterte ihre gepreßte Seele. Lange und heftig weinte die verlassene Mutter, sie glaubte sich allein und doch war sie es nicht, denn mit angsterfülltem Sinne stand der alte David in ihrer Nähe und beobachtete ihren Schmerz. Ihm feuchtete das Weh seiner geliebten Herrin auch das Auge und diese Thränen abwischend, sagte er endlich mit frommem Blick auf den gestirnten Nachthimmel:

„Nach Regen folgt Sonnenschein!"

Die Gräfin vernahm die Worte, richtete sich auf und reichte dem alten Diener die Hand. In ihrem Gesichte lag die Antwort: „Für mich folgt kein Sonnenschein!" so deutlich ausgedrückt, daß David sie zu hören glaubte und daher eifrig hinzusetzte:

„Was lange währt, wird endlich gut und — unverhofft kommt oft!"

„Ja, unverhofft kommt oft!" wiederholte die alte Frau seufzend, „denn wo hätte ich heute Morgen geahnt, diesen Abend von meinem Sohne getrennt zu sein."

„Der Mensch denkt und Gott lenkt, Frau Gräfin!"

„Möchte er diese Reise zum Guten lenken, David."

„Er wird es, nur getrost, der Herr verläßt die Seinen nicht!"

Sechstes Kapitel.

In den Morgenstunden des neunzehnten Augusts durchzog eine Gruppe böhmischer Musikanten eine kleine Stadt Schlesiens und concertirte mit hoher obrigkeitlicher Bewilligung in den verschiedenen Stra= ßen des Ortes. Während acht dieser Kunstjünger durch die Töne ihrer Blasinstrumente die nicht ver= wöhnten Ohren des Publikums entzückten, sammelte der Neunte zur großen Befriedigung aller Haus= frauen den milden Beitrag für die musikalischen Ge= nüsse in einer geschlossenen Büchse. Die Frau Bür= germeisterin hatte beim Anblicke dieses bleichen schwind= süchtigen Cassirers, dessen Lunge als Opfer solcher Straßenconcerte gefallen war, ein ganzes Gröschel geben wollen, doch ihr Anfall von Generosität legte sich, als der hustende Sammler ihr unter bemüthi= ger Verbeugung die verschlossene Büchse reichte. Ihr

Gröschel konnte mithin auf Rechnung der Frau Di-
rectorin, Frau Landwehrmajorin fallen oder gar der
Frau Assessorin oder Frau Apothekerin zugeschrieben
werden. Darum ließ sie die Silbermünze schnell in
die Tasche hinabgleiten und wählte einen Kupferdreier,
der außerdem so viel Spektakel in der Büchse machte,
als rollte ein Fünfgröschelstück hinunter. Die Verbeugung des Cassirers wurde nach diesem geräusch-
vollen Sturze des Dreiers in die leere Tiefe der
Büchse so devot, daß die Frau des Stadtoberhaup-
tes sich veranlaßt fühlte, ein Weiteres für den bleichen Jüngling zu thun und dem Kranken den Ge-
brauch von „Schweizer-Brustthee" anzurathen.

Während dem Frau Bürgermeisterin eine weit-
läufige Anweisung zur Bereitung des Brustthees
gab, hüpfte ein junges Mädchen über den Haus-
flur, flog der dem Arzte in's Handwerk pfuschenden
Frau Bürgermeisterin an den Hals und rief flehend:
„Gute, liebe, beste Mutter, sag' doch dem Vater,
daß er den Böhmen Erlaubniß ertheilt, heute Nachmittag in der weißen Taube ein Concert zu geben!
Apothekers Minchen rief mir eben zu, daß sie es
gern wollten, der Vater es aber verweigert habe!"

Frau Bürgermeisterin sah ihr einziges Töchter-

chen wohlgefällig an, bedachte, daß Minchen gerade
beim Bügeln ihres weißen Kleides sei, dieses Ge-
wand ihrer Tochter reizend stehe und wenn der junge
Actuar sie darin erblickte, er vielleicht endlich seinen
Gefühlen Ausdruck gebe, sie bedachte ferner, daß
an dem Tage passendstes Wetter für solch' weißes
Kleid und zugleich gute Gelegenheit wäre, ihre neue
Haube einzuweihen, die sie acht Tage zuvor zum
Geburtstage erhalten. Aus der Behandlung von
Brustthee wurde eine Verhandlung über ein Concert
und als der schwindsüchtige Böhme endlich das Haus
des Bürgermeisters verließ, wo er während eines
Galopps und Walzers von sechs Theilen geblieben,
beschwichtigte er den ausbrechenden Zorn seiner er-
schöpften Gefährten durch die Nachricht:

„Daß sie Nachmittags im Garten des Gasthofes
zur weißen Taube concertiren und den Eintrittspreis
a Person auf einen Silbergroschen setzen dürften.“

Die weitere Verbreitung dieser wichtigen Nach-
richt wurde dem Ausrufer der Stadt überlassen.
Nachdem dieser würdige Vertreter einer Zeitung und
eines Tageblattes seine Obliegenheit erfüllt, mit einer
Stimme, die zur Posaune des Weltgerichts die beste
Anlage hatte, dem aufhorchenden Publikum verkün-

bet, was sich an bem Tage in ber „weißen Taube"
ereignen würbe, konnte man im Hinblick auf bie er=
regten Gemüther jenes schlesischen Stäbtchens mit
Schiller ausrufen: „Freube herrscht in Trojas Hal=
len."

Kaum erscholl vom Thurm ber Kirche ber Klang
ber zweiten Nachmittagsstunbe, so strömten vor's
Thor die Honoratioren ber Stabt unb ein ausge=
wähltes Publikum bes Bürgerstanbes. Die bunte
Menge ber rasch bahineilenben Wallfahrer zur wei=
ßen Taube wurbe noch bunter burch einzelne Uni=
formen. Die Repräsentanten ber preußischen Hee=
resmacht bestanben nicht allein in bem Kreiseinneh=
mer, ber zugleich Lanbwehrmajor unb zu bieser Zeit
ber gewöhnlichen Militairübungen sammt seinen Ab=
jutanten in Uniform zu gehen verpflichtet war, son=
bern bas in ber Gegenb Statt finbenbe Herbstma=
növer hatte mehrere Offiziere eines Linieninfanterie=
Regiments als Einquartirung in bas Stäbtchen ge=
führt unb biese Jünger bes Mars mit Jubel bie
Abwechselung eines Concerts in ihrer militairischen
Laufbahn begrüßt. Unter biesen uniformirten Her=
ren war aber Einer, ber alle Begriffe bes an mi=
litairischen Kenntnissen Reichsten zu verwirren ver=

mochte, denn seine Uniform paßte zu keiner der preußischen oder deutschen Heeresmächte. Er gehörte als
geborener Westphale einer Schützengilde an und in
Erinnerung an seine glorreiche Vergangenheit als
Oberster eines westphälischen Schützenbataillons trug
er diese Phantasieuniform seines Heimathlandes bei
allen feierlichen Gelegenheiten. Die Einheimischen
kannten diese Grille des alten Herrn, den Fremden
bot sie stets Stoff zum Lachen, er ging aber unbe-
kümmert seines Weges und stolz an der Seite seines Schwiegersohnes, des Landwehrmajors Breitenbach und dessen sehr geputzter Gattin, seiner Tochter, die eine ähnliche Phantasie bei Zusammenstel-
lung von Farben in ihrer Toilette an den Tag ge-
legt, wie ihr Vater in Bezug zu seiner Uniform-
wahl.

Das Gasthaus zur weißen Taube lag eine halbe
Stunde vom Städtchen entfernt, hart am Ufer der
Oder. Ein hübscher, wenn auch nicht großer Gar-
ten nahm die Concertgäste auf, und auf dem mit
Bäumen bepflanzten Platze, in dessen Mitte die acht
Böhmen auf erhöhter Tribüne saßen, konnte eine
Stunde nach Beginn des Concerts so zu sagen kein
Apfel zur Erde fallen. Schmunzelnd betrachtete der

bicke Taubenwirth die Anzahl seiner Gäste, die er
im Schweiße seines Angesichts bediente und sein
breites Vollmondsgesicht erglänzte noch mehr, als
ungefähr eine Stunde nach Beginn des Concerts,
sich am Eingang seines Gartens die hohe aristokra-
tische Erscheinung eines Mannes zeigte, in dem er
sofort einen Fremden von Rang und Auszeichnung
erkannte. Er eilte ihm entgegen, prallte aber zurück,
als ein Hund, so groß wie er ihn noch nie erblickt,
seine Nase in etwas nahe Berührung mit dem Theile
seines Beines brachte, auf den der Taubenwirth ganz
besonders stolz. Der Hund zog sich auf einen Ruf
seines Herrn schnell zurück, der Taubenwirth athmete auf und konnte nun die Verbeugung anbringen,
die Schreck und Angst verzögert. Der Herr erwieberte den Gruß kurz, reichte dem Kaffirer, der sich
bei seinem Eintritt ebenfalls erhoben, einen Thaler
und schritt dann langsam gegen den Platz vor. Alles
starrte ihn an, der so ruhig die versammelte Menge
musterte. Die Neugierigen bedauerten, daß der liebe
Gott in seiner Weisheit vergessen, der Menschen
Namen und Lebensverhältnisse auf der Stirn zu ver=
zeichnen. Die Erwartung Aller, daß der Herr Land-
rath diesen Herrn kennen müsse, wurde getäuscht,

man fah aber plötzlich, daß der Doctor Voigts von
feinem Plahe am entfernteften Tifche auffprang und
fein helles graues Auge feft auf den Fremden rich=
tete. Diefer lächelte, grüßte und winkte, der Doc=
tor brach fich haftig Bahn durch die Menge, An=
dere machten dem Fremden Plah und nach kurzer
Zeit fah man Beide Hand in Hand ftehen, mit den
Anzeichen lebhaftefter Freude zufammen reden.

Der Fremde, dem es nicht entgangen, wie fehr
er Gegenftand allgemeinfter Bedeutung gewefen, for=
derte den kleinen beweglichen Doctor auf, Plah zu
nehmen. Lebhaft entgegnete diefer:

„Das ift hier leichter gefagt wie gethan, mein
lieber — lieber — theurer — Gott, wie heißen
Sie doch?"

„Ich fage Dir weder meinen Namen, noch ir=
gend etwas Anderes, lieber Voigts, wenn Du mich
nicht, wie in guter alter Zeit, Du nennft. Wie
werden Univerfitätsfreunde, — noch dazu folche
treue Freunde, wie wir waren, beim Wiederfehen
Sie fagen! Pfui, Bernhard, fchäme Dich!"

„Ich will Sie ja gern, mit Freuden, wahrhaf=
tig, lieber, lieber Freund, ich will Dich Du nen=

nen, sag' mir nur erst Deinen Namen, ich muß ihn
doch wissen!"

„Höre, guter Bernhard, Du behälst ihn nicht
von einer Secunde zur andern, ich kenne diese Deine
Schwäche aus frühern Jahren, und so wie Du im
Aeußern und Wesen ganz der Alte bist, scheinst
Du Dich auch darin durchaus nicht verändert zu
haben."

„Leider hast Du recht! Jene unselige Schwachheit des Gedächtnisses in Bezug zu Namen ist mir
geblieben, ja, sie hat sich vermehrt! Ach, wie oft
hätte ich im Leben Etwas darum gegeben, wenn die
Menschen Namen trügen, die mit meiner medicini-
schen Wissenschaft zusammenhängen, doch leider ist's
nicht so, anstatt sich einfach wie Wurzeln und Kräu-
ter zu nennen, heißen sie, na still von dem Unsinn!
Sag' mir, lieber alter Junge, welch' glücklicher Zufall Dich hierher geführt, welchem Grunde ich diese
unverhoffte Freude zu danken. — Ah sieh da, lieber
— die Herren rücken zusammen, machen uns Platz!
Danke ergebenst, danke!"

Der Doctor setzte sich, auch der Fremde nahm
nach verbindlicher Verbeugung den Platz an, den
ihm einige Herren überlassen und antwortete dann:

„Reiseluft trieb mich aus der Heimath fort, Sehnsucht, Schlesien kennen zu lernen, in diese Gegend. In Breslau fiel mir ein, daß Du in dieser Provinz des preußischen Landes ansässig, ich gedachte unserer Jugendfreundschaft und natürlich, daß ich mich nach Deiner Vaterstadt aufmachte. Kaum angelangt mit der Post, eilte ich zu Dir und — es ging mir, wie das stets zu sein pflegt, ich fand Dich nicht zu Hause!“

„Hörtest aber von meiner Martha, daß ich im Concert sei!“

„Ja, eine alte Person, ein Original wie Du, beschrieb mir, wo Du zu finden.“

„Ach sag' nichts auf meine Martha, das ist eine Perle, lieber —; aber zum Kuckuk nenne mir endlich Deinen Namen!“

„Ich heiße Hugo Wildenfurt, doch daß Du mich je so nennen wirst — bezweifle ich. Du ließest nie Jemand seinen ehrlichen Namen.“

„Der Deinige ist nun aber auch einer der complicirtesten, die ich je in meinem Leben gehört, aber ich werde ihn schon behalten.“

„So sprich ihn nur einmal aus.“

„Hubert Mildenfeld! Siehst Du wohl?“ rief der

Doctor triumphirend. Der Graf lachte herzlich, der Doctor riß die Augen auf. „Sagte ich ihn nicht richtig?" fragte er weniger sicher.

„Nicht im Entferntesten! Bitte, gieb Dir auch keine Mühe, sage mir nur, wie Du es in Deiner Praxis machst?"

„Nun das ist kinderleicht! Ach, wenn Alles so einfach wäre, wie da, dann —."

„Bitte, Dich näher zu erklären, lieber Bernhard."

„Nun, ich sag's Dir ja, das ist ganz einfach! Ich behalte die Krankheiten, an denen die Leute leiden, Jahr, Monat, ja oft den Tag ihrer Erkrankung! Meine Martha merkt sich das auch und so geht's vortrefflich."

„Bezeichne mir doch einige Deiner Patienten in der Weise, wie sie in Deiner Erinnerung leben."

„Gern! Dort der Herr mit dem grauen Hut. Er bekam 1839 einen Magenkatarrh, heißt demnach „Magenkatarrh 1839," Jener im blauen Frack „Nervenfieber 1842," daneben „Masern 1845," die dicke Dame hier an dem Tische rechts „Kopfschmerz mit Wirkungen," Jene neben ihr „Gallenfieber —."

„Wie — was sagst Du? Kopfschmerz mit Wirkungen?"

„Kein Jahr dabei, jede Woche, fatales Uebel!
Ißt zu viel, macht zu wenig Bewegung! Frau des
Herrn in der seltsamen Uniform.“

„Was heißt Wirkung? Das interessirt mich mehr
als alle Uniformen der Welt! Das ist gewiß eine
Deiner originellen Benennungen.“

„Es ist Migräne, Erbrechen! Ach ihr ist nicht
zu helfen, sieh nur, sie ißt unaufhörlich — und
dieser Blätterteich — der reine Magenverderber,
ich sagte es dem Taubenwirth schon so oft, daß der
Kuchen zu fett ist!“

Graf Wildenfurt lachte so herzlich über den me-
dicinischen Eifer seines Freundes, daß er nichts mehr
genau von den weitern Kennzeichen des Arztes hörte;
alle möglichen Krankheiten und die letzten fünfzehn
Jahre von dessen ärztlichem Wirken rauschten in
einzelnen Jahreszahlen an ihm vorüber. Von den
Gesunden wußte der Doctor nichts. Die gingen
ihn nichts an, wie er sagte.

Ein neu beginnendes Musikstück machte der Unterhaltung der Freunde ein Ende, sie brannten ihre
Cigarren an und dem Grafen wurde sein bestellter
Kaffee gebracht. Hugo von Wildenfurt betrachtete
während dieses Potpourris aus der Regimentstoch-

ter die verſammelte Menge und der Tiſch in ſeiner
Nähe, an dem die dicke Dame mit dem wirkungs=
vollen Kopfſchmerz und der Oberſt der weſtphäliſchen
Schützengilde ſaßen, intereſſirte ihn bald vorzugs=
weiſe. Es war aber weder der ſeltene Appetit der
Frau, noch der außergewöhnliche Geſchmack des Man=
nes, das Beides ſeine Aufmerkſamkeit feſſelte, ſon=
dern — die jüngere Generation an dem Tiſche, der
Kreiseinnehmer und Landwehrmajor, deſſen auffal=
lend gekleidete Frau, zwei kleiner Affen gleich her=
ausſtaffirte Kinder — und eine Dame von ſechs=
bis achtundzwanzig Jahren. Dieſe war einfach, aber
hübſch gekleidet, oder vielmehr die blaue Farbe ihres
Kleides, der große braune Strohhut ſtanden ihr gut.
Ihr durchgeiſtigtes Geſicht hatte den anziehendſten
Ausdruck, trotz ſeiner großen Bläſſe war es ſchön,
obgleich Ermattung in jedem Zuge lag und die ern=
ſten ſeelenvollen Augen traurig, ja kummervoll auf=
ſchauten, der feingeſchnittene Mund oft ſo ſchmerzlich
zuckte. Dieſes bleiche Antlitz konnte mit dem blühend=
ſten wetteifern und über das jugendfriſcheſte und hüb=
ſcheſte den Sieg davon tragen.

Hugo von Wildenfurt fand, daß es zu den in=
tereſſanteſten gehörte, die er in ſeinem Leben geſehen.

Gefiel dem Grafen schon das Aeußere dieser Dame,
die offenbar die Gouvernante der Kinder war, so
steigerte sich sein Interesse an ihr bei Beobachtung
ihres hübschen taktvollen Benehmens. Ihre Stellung
war keine leichte! Sie hatte die ungezogensten Kin=
der der Welt zu beaufsichtigen, die Galanterien des
Mannes und die Eifersucht der Frau zu ertragen
und außerdem deren Ungerechtigkeiten ruhig hinzu=
nehmen. Eine Hauptbeschäftigung der kleinen Mäd=
chen war, der Großmutter den Blätterkuchen fort=
zunehmen, den Großpapa an den dicken silbernen
Trobbeln zu reißen, die statt Epauletten seine phan=
tastische Uniform zierten. Beide Alten verstanden
bei den Anfechtungen der lieben Enkelchen keinen
Spaß, wurden zornig und die Mutter machte die
Gouvernante verantwortlich. Der Landwehrmajor
stand in solchen Fällen zum Schutze dieser Bedräng=
ten auf und solch chevalereskes Benehmen verschlim=
merte die Scene. Die kleinen Urheber saßen nach
jeder durch sie erfolgten Explosion einige Secunden
ruhig, doch kam ein Hund ruhig in ihre Nähe, er=
faßten sie anstatt der verbotenen großväterlichen Trob=
bel dessen Schwanz und erst wenn das Thier heulte,
ließen sie ihn frei. Als ihnen das Schwanzerfassen

auch verboten, rissen sie ihrer Gouvernante den Hut
ab. Wildenfurt sah mit Vergnügen den seltenen
Reichthum ihres schönen, bläulich schwarzen Haares,
die reizende Form ihres Kopfes und ihr hübsches
Erröthen bei diesem neuen Experimente ihrer Zög-
linge. Diese letzte Unart der Kinder, die Wildenfurt mit all' ihren frühern Thaten aussöhnte, schien
der sonst vollständig blinden Mutter den Staar zu
stechen. So wie sie sah, daß der große braune
Strohhut vom Kopfe der Erzieherin flog und ihres
Mannes Auge nun festgebannt an dem interessanten
Gesichte hing, dessen vollen Anblick er nur in solchen Momenten genießen konnte, da rief sie ihren
kleinen Mädchen ein indignirtes: „Pfui, Eulalie, pfui,
Aurora!" zu, und half das nicht, so ergriff sie zum
Kummer ihrer Mutter zum unfehlbarsten Mittel —
sie lockte Eulalie und Aurora durch Blätterkuchen
zu sich und fütterte sie damit so lange, bis der braune
Strohhut festgebunden.

Eine Pause trat im Concerte ein, die Bekannten statteten sich Visiten ab. Trotzdem mit der Frau
Landwehrmajorin die drei Linienoffiziere sprachen,
ließ sie die Gouvernante ihrer Töchter nicht eine
Secunde unbeobachtet. Das große dunkle Auge die-

ſes Mädchens ſchweifte ſinnend über die ſie umſchwir-
rende Menge fort, haftete auch eine Weile auf Wilbenfurt und ruhte dann auf Himmel und Bäumen,
während ihre Gedanken weit hinaus zu eilen ſchie-
nen in fernſte Fernen. Der Major näherte ſich ihr,
richtete mit verbindlichem Weſen wenige Worte an
ſie, aber dieſe reichten hin, das bleiche Geſicht in
Purpurgluth zu tauchen und ein ſtolzes Zurückziehen
bei ſeiner größern Annäherung zu bewirken. Kaum
daß die Worte geſprochen, die Gouvernante ſich zu
den Kindern gewandt, trat die Frau, die ſie nicht
außer Augen gelaſſen, haftig an ſie heran, redete
eifrig mit ihr und ſagte dann ihren Kindern einige
Worte. Laut aufjubelnd erfaßten beide Kleinen das
Kleid der Gouvernante und zogen ſie mit ſich fort.

„Wie heißt die Frau in dem auffallenden Anzuge,
lieber Bernhard? Sie ſpricht ſoeben mit dem Major und ſcheint ſehr erregt zu ſein! Kennſt Du ſie
vielleicht?"

„Genau! — Gallenfieber 184—5 und 46!" antwortete der Arzt ruhig.

„Weißt Du mir ſie nicht anders zu bezeichnen?"

„Tochter des Kopfſchmerz mit Wirkungen!"

„Iſt ſie die Frau des Majors?"

„Ja! Er inclinirt zu Rückenmarkleiden.“

„Und sie zur Eiferſucht?“

„Ah, Du triffſt den Grund ihres Gallenübels!
Du haſt ſüperben Blick, würdeſt als Arzt in der
Diagnoſe viel leiſten.“

„So ſah ich alſo doch richtig?“

„Ganz! — Sie hat keine Erzieherin länger als
ein Vierteljahr — eine Jungfer kaum vier Wochen
— jedes Mal Anſammlung von Galle, die —.“

„War die bleiche Dame die Gouvernante?“

„Deren Kopfſchmerz iſt gefährlicher, reine Ner=
venüberreizung! Sie müßte einmal gründlich aus=
ruhen.“

„Du kennſt Sie? Weißt Du vielllicht ihren Na=
men —“

„O nein, ich ſah ſie nur. Sie iſt kaum zwei
Monate hier, wird auch bald fortgeſchickt werden.
Martha ſah ſie ſchon oft mit verweinten Augen,
ſie kennt ſie, woher, das weiß ich nicht mehr, hat
ſie aber ſehr lieb.“

Wildenfurt ſchwieg etwas nachdenklich, dann ſagte
er aufſtehend:

„Es iſt unerträglich warm hier, ſollen wir nicht
eine kleine Promenade machen?“

Der Doctor sprang rasch empor, er war zwar
ein großer Musikfreund, doch kein Freund vom lan=
gen Sitzen und sich an den Arm des Grafen hängend,
verließ er mit ihm den Garten, als der zweite Theil
des Concertes begann. Wildenfurt blieb einen Augen=
blick vor dem Eingange stehen, sah sich um, bemerkte
aber weder einen Menschen auf dem Wege zur Stadt,
noch auf dem sich längst der Oder jenseits der wei=
ßen Taube hinziehenden Feldpfade. Des Arztes Auge
ruhte unterdessen auf den in Sonnenschein hellglitzern=
den Wellen des Flusses, der weiten lachenden Ebene,
die der lichtblaue Höhenzug des Riesengebirges be=
grenzte und fragte mit Stolz:

„Nicht wahr, es ist sehr hübsch hier, lieber
Heinrich?“

„Meinst Du mich?“ entgegnete Wildenfurt
lachend.

„Gewiß.“

„Ich heiße Hugo, wenn Du es gütigst erlaubst.“

„Richtig, Hugo Wollendorf!“

„Wildenfurt!“

„Nun, bester Wildenfeld, wohin sollen wir gehen?
Doch hinauf der Oder entlang?“

„Der Weg scheint hübsch zu sein.“

Sie gingen. Plötzlich hielt der Doctor inne, sah nach der Uhr:

„Wie dumm!"

„Was hast Du?"

„Ah, wir haben noch über eine halbe Stunde Zeit! Ich muß nämlich heute noch aufs Land."

„Wohin?"

„Ja, lieber Waldburg, das weiß ich nicht. Meine Martha weiß es aber, die schickt mir den Wagen hierher und mein Kasper fährt mich hin, wo die Leute mich bestellt."

„Du Glücklicher, der Du eine Martha und einen Kasper hast, die für Dich denken."

„Ja, ja, denke aber nur nicht, daß Beide so heißen. Das sind die einzigen Namen, die ich je behalten, die meiner Eltern, und so nenne ich meine Leute jetzt."

„Wie wirst Du 'mal Deine Frau nennen, Bernhard?"

„Ich heirathe nie! Ich war zwar zwei Mal verliebt, vergaß das aber einmal und so unterblieb der Antrag, das andere Mal liebte ich die Tochter von „Typhus 1837" und ging leider in der Zerstreutheit zu Typhus 1838, der in dem Hause nebenan

wohnte. Dieser Mann hatte nur drei Söhne und
als ich daher um seine Tochter warb, hielt er mich
für verrückt, sah mich so seltsam an, ich nahm das
übel, wir zankten uns, ach, Herbert, es war eine
dumme Geschichte! Genug davon, denn seitdem hab'
ich Liebe und Heirath satt."

Graf Wildenfurt bestand auf ausführlicher Be=
schreibung der verunglückten Affaire und nach dem
sprachen sie von frühern Zeiten. Langsam schlender=
ten sie vorwärts, langsam zurück. Als sie wieder in
die Nähe des Taubengartens gekommen, fesselte ein
den Strom aufwärtsfahrendes Segelschiff Beider
Aufmerksamkeit, es schlug so mächtige Wellen gegen
das Ufer, daß eine kleine, nach einem Badehäuschen
führende Brücke in das heftigste Schwanken kam.

„Die Böhmen sollten ein Concert zum Besten
einer neuen Brücke geben!" rief Wildenfurt.

„Ich sagte es dem Schlingel von Wirth schon
so oft, daß der Steg morsch sei, aber der Geizkragen
behauptet, sie hielte noch lange. Uebrigens ein wahrer
Segen solch Badehaus! Flußbäder äußerst gesund!
Mir thut nur leid, daß ich sie nicht gebrauchen kann,
ich scheue das Wasser noch eben so, wie damals in

Bonn! Bist Du denn noch solch ausgezeichneter Schwimmer?"

Des Grafen Antwort schnitt ein Ereigniß ab, das nur wenige Secunden zu seiner Entwickelung brauchte. Aus dem Badehäuschen sprangen nämlich, während der letzten Worte des Arztes die kleinen wilden Mädchen des Landwehrmajors, ihnen folgte die Erzieherin. Kaum daß Wildenfurt den wehenden blauen Schleier gesehen, Diejenige erkannt, die ihn zuvor beschäftigt, so verschwand sie auch schon vor seinen Blicken. Die dünnen Brückenpfeiler hielten den Wellenandrang nicht aus, das morsche Holz brach, als die drei Personen den Steg betreten, ein lauter Schrei und alle Drei waren in den Fluthen des Wassers versunken.

Mit dem Grafen zugleich sprang sein treuer Albano in die Ober und als die ersten Concertgäste durch die lauten Hilferufe des Kassirers, der den Bruch der Brücke gesehen, ans Ufer kamen, da schwammen bereits Wildenfurt und sein Neufundländer mit den beiden geretteten Kindern an das Land. Diese lagen kaum in den Armen Derer, die sie den Rettern abgenommen, als sich Beide auch schon wieder einem blauen Punkte über dem Wasser zuwandten,

ben die Macht des Stroms mit reißender Schnellig-
keit fortführte. — Ausrufungen der Bewunderung,
des Entsetzens, der Angst verfolgten den kühnen
Schwimmer, der mit einer unglaublichen Geschwindigkeit die Fluth durchschnitt, eine Todtenstille trat
aber ein, als neben dem sich über dem Wasser er-
haltenden blauen Schleier plötzlich eine Hand auf-
tauchte und dann Beides in den Wellen verschwand. —

Man athmete von Neuem auf als der Fremde
jene Stelle erreicht, dort untertauchte, — Todesangst
erfaßte aber jedes Herz, als er nach Verlauf weniger Secunden wieder zum Vorscheine kam, sein Ruf
ertönte: „Hilfe, ich kann sie nicht finden!" er dann
wiederum in der Fluth des Wassers verschwand und
die Wellen über ihm und seinem ihm folgenden
Hunde zusammenschlugen.

Den Herren, die dem Rufe Folge leisten wollten, hingen sich Frauen und Kinder, Schwestern oder
Bräute weinend und kreischend an den Hals, nur
einen jungen Offizier hielt Niemand von seinem Vorhaben zurück! Er war zwar Allen bekannt, „Karl von
Bielow" der Sohn einer armen Wittwe, im Orte
aufgewachsen und „der Hauptmannsfritze" genannt,

doch hatte er keine Verwandten unter der Menge und unbehindert konnte er dem Gefühle folgen, das ihn zur Rettung eines Nebenmenschen antrieb.

Nur eine kurze Strecke war er vom Ufer abge=schwommen, als Wildenfurt über dem Wasser auf=tauchte, in seinem Arme eine weibliche Gestalt! — Lauter Jubelruf erscholl und gar manches Auge feuch=tete sich; lauter Jubel empfing den Retter, als er glücklich das Ufer erreicht und die Gerettete dort niederlegte. Seine Stimme zitterte, als er den Doctor fragte, ob sie lebe und erst als dieser nach kurzer Untersuchung laut und freudig: „Ja, ja!" rief, überflog ein Schein von Farbe sein bleiches Gesicht.

„Sie muß rasch ins Haus, schnell umgekleidet werden!" setzte der Arzt hinzu.

Mehrere Herren wollten die todtesblaß und re=gungslos Daliegende erfassen, doch Wildenfurt kam ihnen zuvor, erhob Die, auf welche er ein Anrecht errungen, trug sie selbst in das Haus und überließ sie einigen Frauen und dem Arzte.

Kaum wurden die Leute Wildenfurts von Neuem ansichtig, so überschüttete man ihn mit Lobeserhebun=gen, reichte ihm die Hand und während Männer

und Frauen sich mit ihm beschäftigten, trockneten ver-
schiedene junge Mädchen dem sich fortgesetzt schüttetln-
den und immerfort niesenden Albano mit ihren Tü-
chern sein langes seidenweiches Haar.

„Mein Hund hat wie es scheint den Schnupfen
und ich werde ihn bekommen, wenn ich mich nicht
umkleide!" rief der Graf lächelnd.

Albano entriß sich der zarten Behandlung und
kugelte sich auf dem weichen Rasen, und sein Herr
entzog sich den Lobeserhebungen, um trockene Kleider
anzulegen. Als er seine Toilette so gut es ging beendet, erfuhr er von dem Doctor, daß der Major
mit seiner Familie so eben im Wagen des Land-
raths fortgefahren wäre und ihn gebeten hätte, für
Aufnahme der Gouvernante im Krankenhause zu
sorgen, da ihr dort eine bessere Pflege zu Theil werden könne, als in ihrem Hause, in dem nun schon
zwei kranke Kinder zu versorgen.

Wildenfurt war empört und beruhigte sich erst,
als sein Freund hinzusetzte:

„Daraus wird natürlich nichts und ich bringe
diesem eifersüchtigen Gallenfieber, die das Alles an-
gezettelt, die Dame mit meinem eigenen Wagen in
ihr Haus, werde ich dort Bescheid sagen und mag

sie vor Aerger über mich sich ganz in Galle ver=
wandeln, die Erzieherin kommt nicht ins Krankenhaus, so wahr ich — heiße! Gott, wie heiße ich
doch? — Nun, sie kommt nicht hinein!"

Der Doctor that wie er gesagt und als er eine
Stunde später in seine eigene Wohnung trat, fand
er Wildenfurt dort.

„Ich habe gesiegt!" rief er triumphirend, dann
sagte er bedenklich: „doch wie, lieber Friedrich, Du
legtest Dich nicht, wie ich Dir rieth, zu Bette?"

„Dein lieber Friedrich mag darin liegen, bester
Bernhard, aber ich befinde mich so besser."

„Du fühlst Dich wohl?"

„Munter wie ein Fisch!"

„Als solcher hast Du Dich heute benommen.
Gott steh mir bei, war das ein gründliches Fluß=
bad."

„Wie geht es ihr — den kleinen Mädchen?"

„Den Kindern gut, — die Andere wird länger
an diesem Brückenbruche leiden. Ich erweckte sie
eben mit Mühe aus der dritten tiefen Ohnmacht."

„Ist Gefahr vorhanden?"

„O nein."

„So könnte sie bald diesen Ort verlassen?"

„Ich bezweifle, daß lange Krankheit sie daran verhindern würde."

„Desto besser!"

„Du gedenkst doch nicht, sie mit Dir zu nehmen, lieber Heklenstein?"

„Um so weniger als ich noch heute Abend mit der Post abreise."

„Wie, Du abreisen? Bist Du bei Sinnen?"

„Vollständig! Ich mag nicht hier bleiben und in diesem Neste als Wunder angestarrt werden. Daß — wenn ich heute abreise, Niemand meinen Namen erfährt, dafür bin ich sicher, da nur Du ihn kennst."

„Bitte sehr! — Ich nannte ihn schon dem Fräulein — nun der ins Wasser Gestürzten, sie fragte, wem sie die Rettung ihres Lebens zu danken."

„Weiß ihn auch Fräulein Agathe Harling von Dir, so kennt sie ihn darum noch nicht!" rief Wildenfurt lachend.

„Wohl möglich," seufzte der Arzt, „doch sag' mir, Adalbert, woher weißt Du, daß sie Amalie Hafer heißt?"

„Ich sprach Deine Martha, sie sagte mir auch, daß Fräulein Harling eine ausgezeichnete Musik- und Zeichnenlehrerin sei und in Folge dessen wird die

Dame nächstens das Anerbieten einer sehr guten Stelle am Rhein erhalten. Gieb mir Dein Wort, Bernhard, ihr die Idee auszureden, wenn sie darauf kommen sollte, daß ich das Engagement veranlaßt."

„Ich gebe es Dir! — Doch nicht wahr, Du verschaffst ihr die Stelle?"

„Ja, — ich möchte sie, die ich aus den Fluthen gerettet, auch vor dem Wogenandrange des bösen Geschicks bewahren, das ihrer bei den Leuten harrt, wo sie jetzt ist."

„Du bist doch ein guter, edler Mensch, lieber Milzborn!"

„Weil ins Wasser gesprungen, was ich hundert Mal zu meinem Vergnügen gethan? — Nein, mein Bernhard, rede mir davon nicht, die kleine That verdient keines Wortes!"

„Nun, Du benimmst Dich doch auch jetzt auf festem Lande als Menschenfreund, als —."

„Ich thue auch auf festem Lande nichts Beson= deres. Die Nichte der Dame, an die ich Fräulein Harling soeben empfohlen, bedarf einer guten Musik= und Zeichnenlehrerin und da Deine Martha mir sagt, sie sei Beides, so leiste ich nur jener Dame am Rhein einen Dienst."

„Und die Stelle ist eine gute?"

„Bei der besten Frau der Welt, lieber Bern=
hard."

„Welches Glück für das Mädchen, — wer hätte
gedacht, daß der Sturz ins Wasser diese Folgen ha=
ben würde!"

„Unverhofft kommt oft!" sprach Wildenfurt sin=
nend. „Auch ich dachte nicht, als ich heute der wei=
ßen Taube entgegen wanderte, dort —."

Er hielt inne.

„Was dachtest Du nicht, lieber Wilhelm?"

Nur einen Moment ruhte des Grafen Auge mit
tiefem Ernste auf dem Freunde, dann rief er lachend:

„Ich dachte nicht, dort Wilhelm, Friedrich, Hu=
bert und andere schöne Namen zu erhalten."

„Nein, bester Freund, das wolltest Du nicht sa=
gen, das war nicht das Unverhoffte, das Dir in der
weißen Taube begegnet ist! Was ist es?"

Der Graf schwieg eine Secunde, sann offenbar
über das nach, was er dem Doctor antworten sollte
und rief dann lächelnd:

„Aber Das, Bernhard, daß ich keine Ahnung
davon hatte, heute Gelegenheit zu finden, mir die
Rettungsmedaille zu verdienen."

„Ja, da haſt Du Recht, das war ein unerwarteter Fall, ein glücklicher Zufall!"

„Zufall?" wiederholte Wildenfurt ernſt. „Nein, Bernhard, das war kein blinder Zufall, ſondern eine ſichtbare Fügung des Himmels — eine ganz unverhofft glückliche Fügung!"

———

Siebentes Kapitel.

Während ihrer achtjährigen Laufbahn als Insti-
tutslehrerin in England hatte Agathe Harling immer
gedacht, daß es kein furchtbareres Loos als ein solches auf Erden gebe; heiß und immer heißer war
im Laufe der Zeit in ihr die Sehnsucht geworden,
einem so elenden Dasein zu entgehen und mit wah-
rem Jubel hatte sie den Ablauf ihres Contractes
begrüßt. Das Leben einer Erzieherin in Familien
war Agathen im Vergleich zu dem, das sie zu führen
verdammt war, als ein glückseliges erschienen und
voll froher Hoffnung, voll Vertrauen auf erträgliche
bessere Tage war sie nach Schlesien gereist. Ein
Aufenthalt von vier Wochen in der Familie Breitenbach hatte aber hingereicht, Agathe zu belehren,
daß es noch Schlimmeres geben könne, als täglich
sechs Musik= und vier Zeichenstunden zu ertheilen,

noch Schlimmeres, als von den scharfen Blicken einer Pensionatsvorsteherin beobachtet zu werden, die ihre Lehrerinnen wie Sklavinnen behandelte.

Nachdem Agathe während mehrerer Wochen von dem Herrn des Hauses mit Liebeserklärungen und von der Frau mit Eifersucht verfolgt worden, fing sie an sich nach dem Sklavenleben im Institute zurückzusehnen. Sie war in der sechsten Woche ihres neuen Wirkungskreises in solcher Verzweiflung, wie sie noch nie in ihrem Leben gewesen. — Eines Abends zu dem Entschluß getrieben, am nächsten Morgen zu ihrer Mutter zurückzukehren, erhielt sie Nachrichten aus Berlin, die sie zwangen, von ihrem Vorhaben abzustehen und in ihrer unangenehmen Stellung so lange auszuharren, bis sich ihr eine andere und bessere geboten.

Dem Verlobten ihrer Schwester Marie, der so fest und sicher auf die Pfarrstelle gerechnet, die ihm zugesagt worden, war ein anderer Candidat vorgezogen. Die Hochzeit war aus dem Grunde bis auf ungewisse Zeit hinausgeschoben, Mariens Anwesenheit bei der Mutter in Berlin auf so lange verlängert, bis der Bräutigam eine andere Stelle erhalten, oder

sie sich zur Annahme eines neuen Engagements ent=
schlossen.

Wie selten ein Glücks= oder Unglücksfall im Le=
ben ohne Gefolge kommt, so auch der bei der Fami=
lie Harling. An demselben Tage, wo der Räthin
schon der eine Kummer mit Marie zu Theil gewor=
den, traf die arme Frau ein neuer Schicksalsschlag,
ihre vierte Tochter, Theodore, gut versorgt als Er=
zieherin bei einer Familie, kam ganz plötzlich nach
Berlin zurück. Der Todesfall des Hausherrn hatte
einen Umschlag in jenen Familienverhältnissen her=
beigeführt und Theodore war ihrer Stelle entlassen,
wenn auch mit Entschädigung entlassen!

Diese beiden Nachrichten theilte die Räthin Har=
ling Agathen in voller Trauer mit und sprach in
dem Briefe zugleich ihre Freude aus, daß sie we=
nigstens von Neuem in Schlesien versorgt sei. So
blieb denn Agathe, sie ertrug ein qualvolles Dasein
noch vierzehn Tage mit vollem Bewußtsein, dann
erhielt ihr Schicksal eine andere, vorläufig sehr traurige
Wendung. — Sie wurde nach dem Falle ins Wasser
krank — so krank, wie Doctor Voigts nicht gedacht,
daß sie werden könne. Die Frau Landwehrmajorin
bestand nun darauf, daß Agathe ins Krankenhaus

geschafft werden sollte, doch der Doctor, der das nicht zugeben wollte und Wildenfurt fest versprochen hatte, für Agathen zu sorgen, nahm nach kurzer Berathung mit seiner Martha Agathen in sein Haus, wo die Wirthin noch zwei Zimmer zu vermiethen hatte.

Agathe rief in ihren Fieberphantasien zur größten Verwunderung des Doctors immer: „Thee!" — auch bei klarerem Bewußtsein sagte sie dieses eine Wort oft im Tone der größten Sehnsucht, er gab seiner Patientin alle Theesorten der Welt, die sich mit ihrem Zustande vertrugen, doch sah er ein, daß er nie ihren Wünschen genügte.

„Thee, o Thee!" rief Agathe am Morgen des britten Tages traurig, als Martha ihr Medizin reichte und Doctor Voigts seine Patientin beobachtete.

„Was für Thee wünschen Sie denn eigentlich, liebes Kind?" rief er ungeduldig. „Sie erhielten Kamillen, Flieder, Pfeffermünze und sogar Brustthee! Pecco oder andere chinesische Theesorten, darf ich Ihnen nicht geben, die sind zu aufregend!"

Agathe sah den Sprechenden groß an, sie schien sich zu bemühen ihn zu verstehen, doch es mußte ihr nicht gelingen, sie murmelte leise:

„Nein, nein, keine Kamillen, keine Pfeffer—, Thee, ach Thee!"

Sie sah so betrübt aus, daß das Herz des guten Doctors sich erweichte und er, um seine Patientin zufrieden zu stellen, hastig ausrief:

„Nun Martha, besorge einmal schnell eine Tasse vom besten Souchonthee, er hilft ihr am Ende, denn die Natur des Menschen ist ein zu wunderbar Ding."

Wie wunderbar die Natur des Menschen, das sollte sich dem Doctor jetzt recht klar offenbaren, heftig entgegnete Agathe auf seine freundliche Verordnung:

„Keine Tasse Thee!" Sie schwieg erschöpft.

„Vielleicht ein Glas Souchon, mein Kind? Trinken Sie den Thee nicht aus Tassen, so —."

„Nein, nein, kein Glas, keinen Souchon!"

„Ziehen Sie den Conjothee vor? Sie können auch den haben."

„Nein!"

„Pecco?"

Agathe schwieg. Der Doctor glaubte das Richtige getroffen zu haben, er sagte schnell:

„So besorge Peccothee, Martha!"

„Keinen Peccothee!" Agathe erhob sich, ihr glänzendes Auge haftete fest auf dem Arzte nnd sie sagte hastig: „Ich will ja nicht solchen Thee —." Sie fiel zurück und schloß die Augen. —

„Liebér Himmel, ich kann ihr doch nicht diese abscheulichen grünen Theeforten geben!" rief der Doctor verzweiflungsvoll und setzte erregt hinzu: „Nun meinetwegen auch dies, wenn sie einmal darauf besteht! Wollen Sie Imperial oder Hahsan? Auch Beides! Sprechen Sie ihre Wünsche nur offen aus!" Der gute Doctor war zu Allen bereit.

„Nichts davon, ich will — Thee, meine Schwester!" rief Agathe heftiger.

„Thee, — meine Schwester! Heißt etwa Ihre Schwester so?"

Agathe nickte, lächelte glücklich, brach dann in Thränen aus und sagte leise und traurig:

„O Thee, komm, komm!"

Martha wischte sich mit dem Zipfel ihrer Schürze die Augen und rief lebhaft:

„Ach ich Dummbart! Ja, ja, Theodore wurde immer Thee genannt, Herr Doctor! Thee ist die Schwester des Fräuleins, ich entsinne mich jetzt deutlich, daß man die Kleine so nannte."

„Thee, Thee!" wiederholte der Doctor und setzte

ärgerlich hinzu: „Hat einmal im Leben ein Mensch einen vernünftigen Namen, und noch dazu ein Frauenzimmer und den versteh ich nicht. Ja Martha, wir sind Dummbärte."

„Sie nicht!" entgegnete die alte Haushälterin in der Seele ihres Herrn beleidigt, „Sie nicht, Herr Doctor, denn wie konnten Sie wissen, daß Fräulein Harling einen so verrückten Namen hat?"

„Verrückten Namen? Martha, ich glaube Du bist selbst verrückt, diesen hübschen Namen, den ich doch auch 'mal behalten kann, so zu bezeichnen. — Ich werde gleich an diese Thee schreiben, daß sie herkommt."

„Sie sind so gut, Herr Doctor!"

„Ach was gut, ich war dumm nicht zu verstehen, daß Sie mit Thee nicht das gewöhnliche heiße Magenspülwasser meinte, dazu ist die Person zu vernünftig! — Papier und Feder, Martha, ich will gleich hier an Fräulein Thee schreiben."

„Lassen Sie mich aber nur die Adresse machen, Herr Doctor!"

„Die Adresse werd' ich schon selbst machen können, Du alter Hase!"

Der Doctor bezeichnete seine Haushälterin nur

als „alter Hase," wenn er in der vortrefflichsten
Laune war, Martha durfte diese Stimmung auch
zum Scherz benutzen und that es, indem sie heiter
rief:

„Der Hase muß doch die Adresse schreiben, denn
blos mit der Bezeichnung „Thee" möchte der Brief
weit kommen und die Postbeamten ebenso wenig klug
daraus werden wie wir vorhin."

Der Doctor sah ein, daß seine alte Martha wie
immer Recht hatte, ließ sie die Adresse machen und
während sie schrieb: „An Fräulein Theodore Harling,
Berlin, Leipziger Straße Nr.," da hielt er plötzlich
ihre Hand fest und fragte ernst:

„Du kennst diese Thee, liebe Martha?"

„Ja, gewiß! Ich sah die Frau Räthin Harling,
bei deren Eltern ich einst gedient, ja wieder, als sie
Wittwe geworden und nach Berlin zurückgekehrt
war. Da sah ich denn doch auch ihre Kinder, die
kleine Thee, die mit größter Liebe an ihrer Schwester Aga— diesem Fräulein hier, hing! Ach wie
lang ist das her, ja bald sechszehn Jahre!"

„Wie war die Thee damals, Martha?"

„Nun, ein kleines dickes, rundes Ding, in Wahrheit rund wie a Theekörndel. Sie war gerade vier Jahre alt."

Der Doctor trat, mit dem Bilde dieses kleinen runden vierjährigen „Theekörndels" beschäftigt, den Rundgang zu seinen Patienten an, und verordnete er an dem Morgen vorzugsweise den Kranken „Thee", so lag das lediglich an seiner aufrichtigen Herzens= freude, daß sich die Sehnsucht seines Lebens erfüllt und es außer Martha und Kaspar noch einen drit= ten Namen in der Welt gab, den er behalten konnte.

Was der Lauf der Jahre aus kleinen runden Dingern zu gestalten versteht, das zeigte sich dem Doctor und seiner Haushälterin schon nach wenigen Tagen, als Theodore Harling zu ihrer Schwester kam. Aus dem runden Theekörndel war ein aller= liebstes schlankes Mädchen erblüht, mit rosigen Wan= gen und hübschen blauen Augen. Zeigten sich diese Wangen dem Doctor beim ersten Anblick auch et= was blaß, die blauen Augen roth geweint, so ver= lor sich beides doch bald, als „Fräulein Thee," wie der Arzt sie sofort nannte, von ihm hörte, daß ihre liebe Aja nicht vollständig ertrunken und keine Ge= fahr für ihr Leben vorhanden sei.

Vierzehn Tage war aber Agathe Harling recht

krank. Fräulein „Thee" zeigte sich in dieser schwe=
ren Zeit als eine so vortreffliche Pflegerin in den
nächsten drei Wochen, als eine so liebenswürdige
heitere Gesellschafterin, daß Doctor Voigts Martha
erklärte: „dieses Frauenzimmer mit dem vernünfti=
gen Namen würde auch gewiß eine höchst vernünftige
Frau sein und solch vernünftige Frau gebrauche vor=
zugsweise der Arzt!" Martha lächelte zu dieser Er=
klärung pfiffig und lächelte noch pfiffiger, als Agathe
Harling nach Lesung eines Briefes von einer Grä=
fin Wildenfurt aus Arnau, den sie ihr bei ihrer
Reconvalescenz zum Lesen gab, verwundert ausrief:

„Mein Gott, woher mag die Dame nur gehört
haben, daß ich Musik= und Zeichnenlehrerin bin?"

Martha, die ihrem Herrn den Anblick ihres
pfiffigen Lächelns entzogen, wußte dasselbe auch vor
Agathen zu verbergen und so ruhig, wie sie zu dem
Doctor gesagt, „Thee ist nicht allein ein vernünf=
tiges Mädchen, sondern eine sehr hübsche junge
Dame und viel liebenswürdiger als die Tochter
vom Magenkatarrh 1837," eben so ruhig entgeg=
nete sie der erstaunten Agathe, „Bestes Fräulein,
ganz solcher Krähwinkel, wie Sie bei Ihrem Her=
kommen glaubten, ist unser Städel nicht und von

hier aus kann sich schon gut die Nachricht von der
Berühmtheit einer Erzieherin, wie Sie sind, in der
weiten Welt verbreitet haben und daher Jemand
darnach trachten, Sie zu engagiren!"

Kannte Agathe Harling trotz ihrer sechsundzwan-
zig Jahre auch noch sehr wenig von der Welt, so
doch genug, um zu wissen, daß Erzieherinnen nie
berühmt werden und ohne ganz besondere Veranlassung sich nicht leicht eine hochgestellte Dame so dringend, so freundlich um eine einfache Lehrerin be-
wirbt, wie sich Eine in dem Briefe um sie bewarb
und zu gleicher Zeit ein Gehalt bietet, wie solches
im gewöhnlichen Leben nicht üblich ist. Sie zersann
sich den Kopf, wie sie zu einem so brillanten Engagement komme und da sie die Veranlassung nicht
herausbekam, so nahm sie sich vor, den Doctor zu
fragen, ob er für sie gewirkt. Indem sie an den
Doctor dachte, fiel ihr dessen Freund, jener fremde
Herr, ein, der sie den Wellen der Oder entrissen
und bei dem Gedanken überflog ihr Antlitz ein so
tiefes brennendes Roth, daß Martha ganz erschrocken
herbeieilte und ein Glas Limonade gegen solch plötzliche aufsteigende Hitze verordnete. Agathe trank
zwar die bereitete Limonade, doch sie kühlte nicht

die Gluth in ihrem Innern, die die immer stärker in ihr werdende Ueberzeugung anfachte:

„Ihm, — ihm ganz allein verdankſt Du auch dieſe glückliche Wendung Deines Geſchicks!"

Mehr als alle Pulver und Mixturen des Arztes trug dieſe frohe Ueberzeugung zu Agathens ſchneller Geneſung bei. An dem Tage gegen Ende September, wo ſie ihren erſten Ausgang machte und ſich zur Majorin Breitenbach begeben wollte, um anzufragen, ob ſie jenes Engagement annehmen dürfe, ſagte Doctor Voigts zu ihr:

„Das Haus, mein Fräulein, betreten Sie mit meinem Willen nicht wieder. Ich habe dort alle Verbindlichkeit zwiſchen Ihnen und dem „permanenten Gallenfieber" abgebrochen. Sie ſind frei und können getroſt die Stelle bei der Gräfin Filzenſtern annehmen, die ich bereits für Sie zugeſagt habe."

Agathe kannte jetzt längſt die Schwachheit des Doctors, keinen Namen behalten zu können, ſie lächelte leicht, als er Gräfin Wildenfurt in der Art umtaufte, fragte aber ernſt:

„Iſt Baron Hennethal vielleicht ein Verwandter der Dame, die mich engagirt hat?"

„Wer iſt der Baron Hennethal, liebes Kind?"

entgegnete er verwundert, „ich kenne keinen Baron Hönnenberg!"

„Hennethal, bester Herr Doctor, nicht Hönnenberg."

„Weder Berg, noch Thal sind mir in der Weise zusammengefügt bekannt."

„Sie nannten mir jenen Fremden, der mich gerettet, damals Hennethal!"

„So! — Ach nein, er heißt ja Hardenstein!"

„Hardenstein, — ist das sicher?"

„Vielleicht nicht ganz, Fräulein Pauline."

Agathe zeigte leichte Ungeduld, sie war betrübt, nicht einmal den Namen ihres Lebensretters erfahren zu sollen, der Doctor befand sich in Verlegenheit, er entsann sich jetzt plötzlich des Versprechens, das er Wildenfurt in Bezug der Angelegenheit gegeben und fürchtete schon mit dem Namen Hardenstein seinen Freund verrathen zu haben! — Seine Verlegenheit bestärkte Agathen in der festen Annahme, daß er mehr wisse und mit zitternder Stimme fragte sie:

„Habe ich Recht, ist der Fremde ein Verwandter der Gräfin Wildenfurt, vielleicht ihr Sohn — oder ."

„Daß mein Freund keine Mutter mehr hat, weiß ich ganz genau! Sie ist schon bei seiner Geburt ge- storben, oder als er noch kleiner Knabe war. Ebenso wenig, wie er aber der Sohn jener Dame ist, ebenso wenig hat er einen Namen, der jenem nur ähnlich ist! Darauf können Sie sich fest verlassen.“

Der Doctor war von seinen Versicherungen so durchdrungen, daß er sie im Tone der vollsten Ueber- zeugung sprach und Agathe glaubte seinen Worten, war aber traurig.

„Quäle Dich doch nicht damit, wer Dir die Stelle verschafft hat,“ rief Theodore Harling, „son- dern freue Dich, daß Du sie hast.“

Der Doctor war entzückt von der praktischen Auffassung seiner lieben Thee und als sie nach Aga- thens Fortgehen seufzend sagte:

„Ich wollte ich hätte diese Stelle!“ da sprach er lächelnd: „Nehmen Sie eine andere an, Fräulein Thee!“

„Ich habe kein Anerbieten, Herr Doctor; um mich reißt man sich nicht!“ antwortete sie lachend.

„Ich würde glücklich sein, liebe Thee, wenn Sie ein Anerbieten annähmen, das ich Ihnen zu machen habe.“

„Nennen Sie es mir, lieber Doctor, denn was Sie vorschlagen, nehme ich unbedingt an."

Dem Doctor wurde es ganz heiß bei der freimüthigen Erklärung des offenen unbefangenen Mädchens, er konnte kein Wort sagen, reichte ihr nur die Hand und sie nahm sie ohne Ahnung, daß sie damit ihr Lebensschicksal besiegelte. — Martha trat in dem Augenblicke ins Zimmer, als sie ihren Herrn mit Derjenigen Hand in Hand stehen sah, die er als passendste Frau für einen Doctor bezeichnet, da glaubte sie, daß unter Beiden Alles abgemacht und glücklich beendet sei, sie stürzte auf ihren geliebten Herrn zu, rief: „Ich gratulire!" küßte seine Hand und die Theodorens, versicherte, „sie würden das glücklichste Paar der Stadt werden," eilte dann mit den Worten fort: „Ich muß rasch die Fräulein Aja holen."

Der Doctor kannte die Geschwindigkeit seiner Martha und ohne langes Besinnen ging er ans Werk, dem überraschten Mädchen seine Gefühle zu erklären; Als Agathe zu der Schwester kam, hatte Fräulein Thee den besten Beweis von der großen Vernunft abgelegt — und den Antrag eines Mannes freudig angenommen, der sich in den vergangenen Wochen ihre ganze Hochachtung erworben.

In sprachloser Ueberraschung stand Agathe vor dem Brautpaare, doch sagte sie auch nichts, Martha dafür desto mehr und ihre Rede schloß mit den Worten:

„So geht's im Leben, Agathchen, unverhofft kommt oft!"

Daß diese Verlobung des Doctors unverhofft gekommen, fanden nur die bei der Sache Betheiligten und einzelne wenige Andere im Städtchen. Die Mehrzahl behauptete, den Fall vorausgesehen zu haben, als „das kokette Berliner Ding" ins Haus des Arztes gekommen sei und gleich so geschickt die schwache Seite des armen Doctors entdeckt und darnach ihren Namen eingerichtet. Die Frau Bürgermeisterin, die nach der am Concerttage glücklich Statt gefundenen Verlobung ihrer einzigen Tochter mit dem wohlhabenden jungen Actuar ganz uninteressirt bei allen übrigen Partien war, trat bei den Angriffen auf das „kokette Berliner Ding" als Theodorens Vertheidigerin auf. Diesem menschenfreundlichen Bestreben legte man mit boshafter Zunge andern Grund unter und die Frau Apothekerin meinte lächelnd: „Unsere liebe Bürgermeisterin wird sich der

Harlingſchen Familie ſchon deshalb immer tief verpflichtet fühlen, weil Fräulein Agathens Fall ins
Waſſer die Veranlaſſung zur Verlobung ihrer Tochter geboten, denn wer hätte nicht geſehen, wie das
junge Mädchen dem Actuar in die Arme gefallen
und ihn zurückgehalten, als er dem Fremden zur
Hilfe kommen wollte. Man entſann ſich, daß Bür-
germeiſters Wilhelmine wirklich den Actuar umfaßt
und — fand die Dankbarkeit der Brautmutter gerechtfertigt! — Vor der Abreiſe der beiden Harlingſchen Mädchen beſannen ſich die über die Verlobung
indignirten Mütter und Töchter noch; ſie erwieſen
der Braut ihres Arztes die Ehre, ihren Beſuch zu
erwiedern und verſicherten dem „koketten Berliner
Dinge", wie ſie ſich ganz unendlich freuen würden,
ſie bald als Frau „Doctorin" wiederzuſehen.

Bei dieſen Viſiten wurde Agathen auch der
Schlüſſel zu ihrem neuen Engagement verabreicht.
Man erzählte ihr, daß der Offizier, der dem Frem-
den zu Hilfe gekommen ſei, einige Tage darauf die
Nachricht erhalten: „daß ihm ein alter fernſtehender
Verwandter das in der Nähe von Bonn liegende
Gut Haindorf vermacht habe und Herr von Bielow,
„der Hauptmannsfritze," wie er kurzweg im Orte

genannt wurde, gleich nach dem Rhein gereist wäre,
um seine Erbschaft anzutreten.

Jede der Damen behauptete nun, den Hauptmannsfritzen beim Abschiede aus Schlesien gebeten
zu haben, dem armen Fräulein Agathe am Rheine
eine Stelle zu besorgen, da man überzeugt gewesen
sei, daß sie bei Breitenbachs doch wohl nicht bleiben
würde.

So wenig dieser Zusammenhang mit ihrem Engagement auch Agathen behagte, so gern sie auch
einzig dem Fremden diese Fürsorge für ihr künftiges
Wohl zugeschrieben hätte, es war doch möglich, daß
er seine Hand nicht im Spiele gehabt und Lieutenant von Bielow die Stelle am Rheine für sie erwirkt.

In Berlin wurden ihre Vermuthungen in eine
andere Bahn, in eine noch wahrscheinlichere, gelenkt.
Als sie nämlich ihrer Mutter angab, dem Lieutenant
von Bielow wohl das Engagement zu verdanken, rief
die Räthin Harling lebhaft: „Kind, das hängt viel
einfacher zusammen und ich begreife nicht, daß weder Du noch Thee auf diese einzig richtige Fährte
gekommen seid!"

Agathe und Theodore wurden daran erinnert,

daß das alte Fräulein Clotilde eine Verwandte der
Gräfin Wildenfurt in Arnau und ihre Nichte ja dort
zum Besuch sei. Es fiel Agathen nun wie Schup-
pen von den Augen und als ihre Mutter hinzusetzte: „Bilde Dir nur nie ein, liebe Agathe, daß
solch vornehmer Herr sich um eine arme unbedeu-
tende Erzieherin bekümmern wird!“ Da schämte sie
sich, daß sie Wochen lang den beseligenden Gedanken gehegt, daß solch vornehmer Herr an sie gedacht
und für sie gesorgt. Alle ihre schönen Illusionen
schwanden, als ihre verständige Mutter ihr ferner
die That ihres Lebensretters in dem einfachen Lichte
gewöhnlicher Menschenpflicht zeigte und diese ernste
Rede mit der ruhigen Bemerkung schloß: „Rettete
ein unvernünftiger Hund ein Menschenleben, warum
sollte ein Mann von Ehre nicht mit Freuden bereit
sein, sein Leben für das Leben eines Mitmenschen
zu wagen!“

Die beiden Bräute, namentlich die sinnige Marie, verstand Agathens Gefühl für jenen Fremden,
der sein Leben für sie gewagt und in der Scheide-
stunde sagte sie lächelnd zu der traurigen Schwester:

„Der unverhoffte Fall, daß Du die Reisebeglei-
terin von Comteß Wildenfurt wirst, kann nun ein-

treten, vielleicht erfüllt sich auch das Andere, was wir im Mai als Scherz besprachen.“

Als Agathe die Schwester fragend anblickte und offenbar nicht wußte, was Marie meinte, setzte diese heiter hinzu: „Nun, als ich Dir wünschte, daß Dein zweiter Verehrer mehr Glück haben möchte, als der Erste, der arme Professor, da sprachst Du die Befürchtung aus, daß er größeres Unglück haben könne, nämlich ins Wasser zu fallen.“

„Ja, ja, ich entsinne mich, Marie, Du wünschtest auch, er möchte nicht ertrinken —.“

„Und wünschte auch, er möchte Dich heirathen und glücklich machen.“

Wie damals, so ermahnte auch jetzt die Räthin ihre Töchter, nicht solchen Unsinn zu sprechen und Agathe war ihr dieses Mal dankbarer für ihre Ermahnung, denn ihr glühendes Erröthen machte die beiden Bräute lächeln und dieses Lächeln versetzte sie in die unendlichste Verlegenheit.

„Mein Trost ist das alte Sprichwort: „unverhofft kommt oft!“ rief Theodore lachend, „es kann sich, wie bei mir, auch bei Agathen bewähren.“

Die Räthin schüttelte ernst den Kopf und sagte lebhaft und eifrig:

„Das Unverhofftefte würde Euch heirathsluftigen Mädchen wohl das fein, wenn Agathe in ihrem Lebensretter einen glücklichen Ehemann und Vater von einem halben Dutzend Kindern entdeckte."

„Ein folcher ftürzt fich nicht ins Waffer!" entgegnete die kluge Thee mit Seelenruhe.

Die Frage, wer es gewefen, der, um fie zu retten, fein eigenes Leben fo muthig gewagt, befchäftigte Agathen noch unausgefetzt auf ihrer Reife nach dem Rhein. In Arnau angelangt, nahmen aber die Gedanken, wie fich dort ihr Leben geftalten würde, ihren Geift in Anfpruch und indem fie mit laut klopfendem Herzen dem alten David folgte, der fie zu Derjenigen führte, in deren Hand jetzt theilweife ihr Schickfal ruhte, da flehte fie inbrünftig zu Gott: „daß Er es in diefer Hand zu einem beffern machen möchte, als ihr bisher von denen bereitet worden, von welchen fie abhängig gewefen."

Die milde Freundlichkeit, der herzliche Empfang der alten Gräfin Wildenfurt ließen Agathen das Befte für ihre Zukunft hoffen und den Gedanken in ihrer Seele Raum faffen, daß unter der Obhut diefer Dame fie vor den Widerwärtigkeiten gefchützt fein würde, an denen ihr Leben bisher fo reich!

Welche Fluth von Gedanken aber Agathens Geist
durchströmte, welch ein Chaos von Gefühlen ihr
Herz bewegte und was für Hoffnungen in ihrer
Seele rege wurden, als sie kaum wenige Minuten
bei der Gräfin war — das wagen wir nicht zu be-
schreiben. Die Gräfin verließ nämlich nach der ersten Bewillkommnung das Zimmer, um ihre Nichte
zu holen und Agathe schaute sich flüchtig in dem
wohnlichen Raume um, ihr Blick fiel auf das le-
bensgroße Portrait eines Mannes, das die Wand
über dem Sopha einnahm. Er lehnte an einem
hohen offenen Bogenfenster, durch das man die schöne
Gegend bei Sorrent sah und sein ruhiger Blick
haftete an den unruhig bewegten Wellen des Mee-
res. Diese Gestalt war Agathen nicht unbekannt!
Dieses klare Auge hatte einmal mit ähnlichem, ruhig
sinnendem Ausdrucke sie angeblickt — kaum, daß sie
das Bild gesehen, so erkannte sie auch sofort in
ihm den Fremden aus dem Concerte, den Freund
des Doctors, — ihren Lebensretter! —

Wie war sie auf den Namen dessen gespannt,
den sie auf so unverhoffte Weise wiedersah; — wie
war sie überrascht, als sie einige Tage später von
ihrer neuen Schülerin erfuhr, daß es der Sohn der

Gräfin Wildenfurt sei und wie traurig blickte sie seitdem zu dem Bilde empor, als sie gehört: „daß der Graf jetzt in Schweden wäre und vielleicht Jahre lang von der Heimath abwesend bleiben würde!"

Achtes Kapitel.

Der Weihnachtsmarkt zu Bonn konnte es als ein ganz besonderes Glück betrachten, daß Alice von Wildenfurt seine Bekanntschaft erst im Jahre 1846 zu der Zeit machte, wo er seine Armseligkeit schon mehr abgestreift und der heilige Niklas doch einen nicht so gar unbedeutenden Nebenbuhler an dem 24. December hatte.

Die durch Berliner Christmärkte und Weihnachtsausstellungen verwöhnte junge Dame war ganz außer sich über einen rheinischen Christmarkt und Agathe Harling, die sie bei dem Gange durch die winzigen Budenreihen begleitete, hatte Mühe, den Zorn Alicens zu beschwichtigen, „daß die Rheinländer dem heiligen Nikolaus den Vorrang vor dem Geburtsfeste unsers Herrn und Heilands eingeräumt." Comteß Alice hätte auf diesen geehrten und verehrten

Heiligen nicht böser sein können, wenn er sich eines ähnlichen Verbrechens schuldig gemacht, wie Baron Granfeld und Graf Wildenfurt, die Beide versäumt, sie als heiligstes Heiligthum ihres Lebens zu erringen. Erst in dem Augenblicke söhnte sich Alice mit dem Christmarkt zu Bonn aus, als sie die Entdeckung machte, daß sein Aufschwung sich bis zu der Höhe erstreckt, der für sie eine Art von Culminationspunkt des Lebens war. Sie sah nämlich plötzlich in einer Bude gebrannte Mandeln, Nürnberger Lebkuchen und nun war der Gang über den Markt doch nicht ganz vergeblich!

Agathe mußte herzlich über ihre getröstete Schülerin lachen, blickte sie aber erstaunt an, als Diese beim Vertilgen eines Pfefferkuchens seufzend sprach:

„Dieser Christmarkt ist eben so trübselig wie unser Christfest trostlos sein wird.“

„Weshalb, Comteß Wildenfurt, soll unser Christfest trostlos sein?“

„Ach es ist tödtend langweilig in Arnau, die gute Tante ist zu alt!“

„Ich bin so glücklich in Arnau!“

„Das kann ich nicht von mir sagen, ich sterbe fast vor Sehnsucht nach meinem pedantischen Vetter

und das will viel bedeuten! Er ist klug gewesen ab=
zureisen, doch, großer Gott, was seh' ich! Seh' ich
recht? Dort geht er! Wahrhaftig er ist's. Hugo,
Hugo!"

Alice stürzte fort und lag nach wenigen Secun=
den in den Armen des Grafen, der sie lächelnd über
ihre Freude betrachtete.

„Gott sei Dank, daß Du da bist, Hugo! O
wie himmlisch, daß Du endlich wiedergekommen, ich
werde nie mehr Gungel'sche Walzer spielen! Du kommst
doch nach Arnau, ach, wie freue ich mich, wie glück=
lich bin ich!"

„Gewiß Alice, komme ich nach Arnau, ich hörte
so eben im Hôtel, wo ich mir den Wagen bestellen
wollte, daß die Equipage der Mutter in Bonn sei."

„Ja! Agathe und ich sind hier zu Markte. Ach
Du kennst Agathe nicht! Mein Gott, wo ist sie nur
geblieben? Ich sehe sie nicht."

„Ist sie vielleicht jene Dame dort — dort, Alice,
die mein Albano so behelligt?"

„Ja, ja, das ist Agathe! Wie seltsam, daß Dein
Hund so freudig an ihr in die Höhe springt, man
sollte meinen, er kenne sie."

„Woher sollte er sie kennen, es ist das seltsamste

Thier in der Welt in seiner Anhänglichkeit, er schließt
sich oft an wildfremde Menschen an."

Albano hatte keine Ahnung, daß er von seinem
eigenen Herrn so bitter verleumdet wurde, er war
nur glücklich über ein so unvermuthetes Wiedersehen
und legte seine große Freude so augenscheinlich an
den Tag, daß er Agathe in die größte Verlegenheit
brachte. Sie vermochte nicht das Ende dieser Scene
zu berechnen, ängstigte sich und als Alice sie rief,
dann zu ihr ging, glühte ihr Antlitz im dunkelsten
Purpur, erst die weitern ganz unbefangenen Worte
des nichts ahnenden jungen Mädchens, die zwei Personen einander vorstellte, die sich Monate lang
zuvor auf so außergewöhnliche Weise kennen ge-
lernt und seitdem außergewöhnlich viel aneinander
gedacht, erst diese Worte gaben ihr die verlorene
Fassung wieder. Sie war im Stande, mit Ruhe
den formellen Gruß des Grafen zu erwiedern, mit
Sicherheit seine kurze, ganz kalte Ansprache zu beantworten und Alicen, die Albanos Freude so un-
begreiflich fand, in dieser Ansicht beizustimmen.

„Sie weiß, daß ich es bin, der sie gerettet!"
dachte der Graf, als die Vorstellung vorüber und
er mit der fröhlich plaudernden Alice dem Hôtel

„der goldene Stern" entgegenschritt, er sah sehr heiter und glücklich aus.

„Er weiß nicht, daß ich es bin, die er gerettet!" dachte Agathe, als sie Wildenfurt dem Anscheine nach nur mit Alicen beschäftigt und so froh sah; ernst und nachdenklich folgte sie Beiden.

Nach ihres Vetters Ankunft hatte der Weihnachtsmarkt gar kein Interesse mehr für Alicen, sie drängte jetzt nur nach Arnau zu kommen und hätte nicht ihr kindliches Wesen, ihre so offen gezeigte Freude Hugo günstig für sie gestimmt, so würde ihre Eile, mit der sie die Abfahrt betrieb, damit seiner Mutter bald das Glück zu Theil werden solle den Sohn zu umarmen, ihn für sie und ihr gutes Herz eingenommen haben.

In erregter Stimmung harrten alle Drei im Hôtel auf den Wagen, doch nur Alice ließ diese offen sehen, tanzte und hüpfte vor Freude und mäßigte die Ausbrüche ihres Entzückens nur dann, wenn ihr Cousin sie mit leichter Ironie fragte: „wie sie sich denn freuen würde, wenn sie Jemand wiedersähe, dem ihr Herz gehöre." Sie erröthete sehr hübsch bei solchen Fragen und ihr verlegenes Schwei-

gen und schelmisches Lächeln zugleich war so beredt,
daß weitere Antwort entbehrlich. .

Der Wagen kam. Alice warf sich unbefangen
in die schwellenden Polster des Fonds, Agathe nahm
ruhig den Rücksitz ihr gegenüber ein.

„Darf ich Sie bitten, den Platz neben meiner
Cousine zu wählen?" sagte der Graf in freundlichem
Tone.

Agathe Harling blickte so erschrocken auf, das
Hugo Wildenfurt deutlich sah, es war das erste
Mal in ihrem Leben, daß sie solcher Rücksicht be-
gegnete. „Nein, o nein!" rief sie abwehrend.

„Ich bitte!" wiederholte er und doch klang diese
Bitte fast wie ein Befehl.

Sie behielt ihren Platz, er setzte sich neben sie
und legte seinen Reisesack in den Fond. Alice lachte,
Agathe war dem Weinen nah, so lebhaft wie noch
nie sehnte sie sich nach der kleinen Mansarde in
Berlin! Hugo von Wildenfurt knüpfte so unbefangen
eine Unterhaltung an, als nehme er den Platz seines
Reisesackes ein, er ignorirte das Geschehene ebenso,
wie er es ignorirte, als Alice auf Agathens Wink
rückte und Letztere sich mit in den Fond setzte; er

nahm, ruhig weiter redend, nur seiner Cousine den
schweren Sack ab und stellte ihn neben sich.

Ein vorüberfahrender Wage aus dem ein Herrn,
tief grüßte, würde des Grafen Aufmerksamkeit weniger erregt haben, wenn Alicens Gesicht nicht ein
glühendes Roth überflogen und sie dann mit allen
Anzeichen lebhaften Interesses dem Wagen nachge-
blickt hätte.

„Herr von Bielow ist also zurück!" sagte sie
leise zu ihrer Lehrerin, als der Wagen ihrem Ge-
sichtskreise entschwunden.

„Es scheint so, da wir ihm eben begegneten!"
antwortete Agathe ruhig.

„Ein Bekannter von Dir, liebe Alice?" fragte
der Graf.

„Nein, Hugo, von Fräulein Harling. Er suchte
sie in Arnau auf, nachdem er wenige Wochen in
Haindorf war."

„Er ist bei dem General zum Besuch?"

„Zum Besuch — bei dem General? — Mein
Gott, Hugo, weißt Du denn nicht, daß Der todt
ist! Schrieb Dir die Tante nicht, daß er seinem
jüngsten Neffen alles vermacht?"

„Nein, liebe Alice, Mama schrieb mir nichts von Allem, das um so natürlicher, als der alte Besitzer von Haindorf uns aus Gott weiß welchem Grunde haßte und wir seit Jahren nicht mehr in Verkehr mit ihm standen."

„Schrieb sie Dir auch nicht, daß der neue Besitzer uns Besuch gemacht und schon drei Mal in Arnau war; schrieb sie Dir nicht, wie liebenswürdig er ist?"

„Nein, Alice, sie beging den unverzeihlichen Fehler, mir weder das Arnau betroffene wichtige Ereigniß einer Visite zu melden, noch mich von der interessanten Thatsache in Kenntniß zu setzen, daß Herr Bielow liebenswürdig ist."

„Du spottest, Hugo und das ist nicht recht! Mir ist er ja ganz fremd, mir kann daher gleichgiltig sein was Du über ihn sagst," sprach Alice mit dem sichtlichen Bestreben ruhig zu scheinen.

„Bewahre der Himmel, Alice, daß es Dir gleichgiltig, ob ein Mensch liebenswürdig oder nicht! Liebenswürdigkeit ist etwas so Seltenes, daß ich Deine große Freude darüber ganz gerechtfertigt finde."

„Ich versichere Dich aber, Hugo, ich freute mich gar nicht so darüber, nur beglückte mich, daß Fräu=

lein Harling in ihm einen alten Bekannten wieder
fand."

„Ah — Herr von Bielow ist ein alter Bekannter des Fräuleins! — Es freut mich wirklich unendlich, daß Sie Solche in hiesiger Gegend gefunden."

Graf Hugo empfand, nach seinem Blick und Ton
zu urtheilen, nicht im Innern jene unendliche Freude,
die er in diesen Worten auszudrücken bemüht war.

Agathe erwiederte lächelnd: „Ich ·sah und sprach
diesen alten Bekannten in Arnau zum ersten Male."

Wildenfurt blickte Alicen nicht ohne Erstaunen
an, Diese aber rief lachend:

„Und doch sprach ich Wahrheit! Ich will Dir
die ganze und sehr interessante Geschichte erzählen."

Agathe kannte diese sogenannte interessante Geschichte, war vorbereitet auf das Kommende und vermochte also mehr sich zu beherrschen als der Graf,
der nichts von dem wußte das ihn doch so nah be-
traf, er schien es aber zu ahnen, denn mit seltener
Aufmerksamkeit und Spannung blickte er Alicen an.
Sie sprach nicht ohne Wichtigkeit: „Denke Dir, Hugo,
daß das arme Fräulein Harling, ehe sie zu uns kam,
in die Oder gefallen ist und Herr von Bielow sie

eigentlich gerettet! Er war zu jener Zeit noch Offizier in Schlesien."

Graf Hugo sah so überrascht aus, daß Alice mit
der Wirkung ihrer interessanten Geschichte zufrieden
sein konnte. Entgegengesetzt, wie auf dem Markte,
lauteten seine Gedanken, und die Ueberzeugung: „sie
weiß es doch nicht, daß du es bist, der sie gerettet!"
stand in ihm fest. Nachdenklich blickte er vor sich
nieder.

Auch Agathens Kopf durchkreuzte eine andere
Meinung als die, welche sie bei der ersten Vorstellung
gewonnen und Jubel erfüllte ihr Herz als sie sich
leise sagte:

„Er weiß doch, daß ich es bin, die er gerettet!"
Ihr Auge leuchtete so hell, ihr Lächeln war ein so
glückliches, daß Alice sich höchlichst über diese Wirkung ihrer interessanten Geschichte wunderte und
in unverkennbarer Erregung und voll Eifer hinzusetzte: „Gerettet hat Herr von Bielow eigentlich
Agathen doch nicht."

„Es scheint mir aber doch, Alice, da das Fräulein lebt, daß sie gerettet worden."

„Aber nicht von ihm, Hugo, irgend ein Mensch
sprang ins Wasser, doch er konnte Agathen nicht

finden und rief um Hilfe und da — da vollführte
Herr von Bielow jene edle That!"

"Wenn es im heißen Sommer war, als er ins
Wasser sprang, liebe Alice, so that er nichts Besonderes."

"Nun er sagt ja auch nicht, daß er das gethan,
bester Hugo, er ist nur sehr gut und menschenfreund-
lich und kam nach Arnau, um sich nach Agathens
Befinden zu erkundigen, denn sie war nach dem Un-
falle recht krank geworden und noch krank von Schlesien abgereist."

"So will ich denn, um nicht in Deiner Achtung
zu sinken, mich auch erkundigen, wie dem Fräulein
der Schreck bekommen!" rief der Graf heiter, aber
mit ganz verändertem, seltsam weichem Tone, fragte
er leise: "Litten Sie lange und bedeutend?"

Eine tiefe Röthe legte sich über Agathens aus-
drucksvolles Gesicht, mit Wärme erwiederte sie rasch:
"Zu meiner Genesung trug wohl wesentlich die Freude
bei, eine andere und so gute Stelle zu erhalten. Ich
war Ihrer Frau Mutter so dankbar für ihren herzlichen Brief!"

"Meine Mutter schrieb mir sehr erfreut über
Ihre Ankunft!" sagte der Graf rasch, er suchte dann
11*

mehr von Herrn von Bielow zu hören, fragte Ver-
schiedenes nach dem Erben von Hainborf, erfuhr
aber nur, baß Jener das traurige Schicksal gehabt,
seine Mutter, die bis bahin in den beschränktesten
Verhältnissen gelebt, in bem Augenblicke zu verlieren,
als er sie hatte auf sein Gut bringen wollen.

Alice wußte schon viel von des Sohnes Liebe
zu seiner Mutter zu erzählen; doch wie sehr sie ihn
auch lobte, ihrem Vetter versicherte, baß Herr von
Bielow sie in seiner Liebe zu der alten Frau an ihn
gemahnt habe — Hugo Wildenfurt empfand nicht,
die geringste Sympathie für den Besitzer von Hain=
borf, der die Absicht gehabt, Agathe Harling zu
retten — es schien ihm sogar unangenehm, baß der
junge Mann nicht bie gehässigen Gefühle seines alten
Onkels gegen die Bewohner von Arnau mitgeerbt
hatte.

Diese Antipathie gegen Herrn von Bielow stei=
gerte sich noch an bemselben Abende zu einer erstaun=
lichen Höhe. Es war nach Tische, Alice und Agathe
hatten das Zimmer verlassen, bie überglückliche Grä=
fin Wildenfurt mit ihrem Sohne allein geblieben.
Lange Zeit hatten sie nur ihre Freude ausgetauscht
wieder vereint zu sein, waren zur Besprechung anbe=

rer Angelegenheiten gar nicht gekommen, da rief die
Frau plötzlich:

„Wir bekommen auch heute noch einen Gast, lie=
ber Hugo!"

„Wen?" fragte der Sohn unangenehm be=
rührt.

Der neue Besitzer von Haindorf, Herr von Bie=
low, ein charmanter junger Mann, der —."

„Beste Mutter, Alice zählte mir schon das ganze
Register seiner Tugenden auf! Sage Du mir nur
um Gotteswillen, wie Du dazu kommst, Dir junge
Offiziere als Weihnachtsgäste einzuladen?"

„Ach, Hugo, es ist ein so lieber Mensch, so gut,
ein so vortreff—."

„Liebe Mutter, das hörte ich bereits und weiß
genau wie er ist, sag' Du mir lieber, warum Du
ihn eingeladen."

„Nun, mein Sohn, er kam heute Morgen beim
Vorüberfahren hier an, als die Mädchen fort waren,
blieb eine Stunde bei mir und sprach so betrübt
über den heutigen Abend, den er zum ersten Male
ohne die Mutter zubringen werde."

„Er scheint großes Vertrauen zu den Bewohnern
von Arnau zu haben. Alicen machte er neulich ver-

trauliche Mittheilungen — heute Dir, nächstens wird wohl Fräulein Agathe an die Reihe kommen."

„Wie, Hugo — das merktest Du schon?"

„Was sollt' ich denn gemerkt haben, Mutter. Ich merkte Nichts, als daß Ihr Alle in den jungen Mann vernarrt seid!"

„Wir vernarrt in Herrn von Bielow? Wie kommst Du auf solch' absonderliche Idee, mein Sohn?"

„Eine ganz natürliche; seit ich zurück bin, höre ich von nichts Anderm als diesem Menschen reden, es ist mir unleiblich, solchem unbegründeten Ent= zücken zu begegnen, Ihr kennt ihn ja kaum!"

Nicht ohne Erstaunen hörte die Gräfin diese er= regten Worte, diesen ärgerlichen Ton; sinnend schaute sie vor sich hin und ein freudiges Lächeln erhellte ihre Züge. Ihr fiel ein, wie so ganz anders ihr Sohn an dem Morgen über Alicen gesprochen, wie er gesagt, daß sie doch ein liebes, offenes, ganz na= türliches Wesen sei und es ihn freue, sie in Arnau wiedergefunden zu haben. Alte Hoffnungen lebten wieder in ihrem Herzen auf, diese sollten daher um keinen Preis durch ein Mißverständniß im Keime erstickt werden und sie rief voll Eifer:

„Du kannst ganz darüber beruhigt sein, wenn Du meinst, daß Bielow sich für Alicen interessirt, er kommt nur wegen Fräulein Harling!" —

„Glaubst Du wirklich, Mutter?" fragte der Graf sehr ernst.

„Du kannst versichert sein, daß er sie liebt; ich bemerkte es deutlich, außerdem sagt er mir, daß sie ihm schon in Schlesien so angenehm aufgefallen und seine Mutter ganz entzückt von ihr gewesen wäre! Die Meinung seiner Mutter ist ihm heilig!"

„So, so! — Sie scheint aber von dieser Liebe nichts zu ahnen."

„Ach sie ist so bescheiden! Darum gönne ich ihr diese gute Partie von Herzen; sicher hat sie sich nicht träumen lassen, daß ihr ein solches Glück in Arnau erblühen würde."

„Ich mir auch nicht!" murmelte der Graf.

„Wie sagst Du, mein Sohn?"

„O nichts, — ich sprach nur meine Theilnahme an Fräulein Harlings Glück aus!"

„Ja, es ist noch dazu ein ganz unverhofftes! Auch für Bielow, denn wo hätte er vor wenigen Monaten gedacht, als er noch armer Offizier war und in Schlesien Agathen kennen lernte, das Gut

seines Onkels zu erben und sie in der Nähe von
Haindorf wiederzufinden; doch Hugo, ein altes Sprich=
wort sagt ja schon „unverhofft kommt oft!"

„Kommt oft! Das weiß Gott, Mutter, — so
oft, daß man bei einzelnen solcher unverhofften Glücks=
fälle wünschen möchte, sie wären ausgeblieben!" —

———

Neuntes Kapitel.

Der Weihnachtsabend — von tausend und aber tausend Kindern wohl mit heißester Sehnsucht herbeigewünscht, von tausend Erwachsenen wohl mit Spannung erwartet, von Vielen froh und freudig, von Manchen ernst und traurig begrüßt, — war abermals angebrochen.

Hugo von Wildenfurt hatte an diesen Weihnachtsabend des Jahres 1846 seit Monaten mit Freude und Vergnügen, mit Unruhe und Sehnsucht gedacht, Erwartungen und Hoffnungen daran geknüpft, wie er vor einem Jahre noch für unmöglich gehalten, daß sie sich in seinem Innern regen könnten! Längst erstorbene Gefühle waren von Neuem in seinem Herzen erwacht, in seinem Leben war zu der Zeit ein Frühling erblüht, als der Herbst in der Natur anbrach, und immer wärmer, immer heißer und glühen-

der war es in ihm geworden, seitdem der Winter
mehr und mehr vorgeschritten.

Innig dankbar war Hugo Gott für die Gnade
gewesen, „ihm solch' neuen Lebensfrühling geschenkt
zu haben," mit glücklichem Auge hatte er die frischen
Knospen der Freude betrachtet, die in seinem Innern
nach und nach erblüht, mit klopfendem Herzen hatte
er an den Weihnachtsabend in Arnau gedacht, wo
diese Blüthen zum Kranz gewunden werden sollten,
um sein ganzes ferneres Leben damit zu umziehen.
Die wenigen Worte seiner Mutter hatten hingereicht
Alles zu zerstören, sein Frühling war dahin, nach
Agathens Verlust gab es für ihn keine Freude mehr.

Es war so dunkel und winterlich in seinem Herzen wie der Abend war, in den er ernst und gedankenvoll hinausblickte, er sollte binnen kurzer Zeit im
Hause seiner Mutter das Christfest begehen und fühlte
sich doch so entfernt von aller Christfreude, wie er
seit langen Jahren gewesen. Fort, weit fort von
dem Orte, den er kaum betreten, sehnte er sich von
Neuem und der von Secunde zu Secunde weiter
vorrückende Weihnachtsabend wurde für ihn mehr
und mehr eine drückende Last. Ueber den schwer und
dunkel dahinziehenden Wolken des Himmels erblickte

Hugo plötzlich das goldene Licht eines Sternes; die Frage: „warum kann durch die Nacht Deines Elends sich nicht auch ein glänzender Stern Bahn brechen?" tauchte in ihm auf. An diesen Gedanken reihten sich die: „warum muß sie ihn lieben, warum seine Bewerbung annehmen und thut sie es nur, um brillant in der Welt versorgt zu sein, so verliere ich nicht viel an dem Herzen, auf das ich mein Glück zu erbauen beabsichtigte!" Der Graf wurde ruhiger, sein Antlitz heiterte sich sogar auf, als er sich kurz und energisch sagte: „Mag das Kommende die Feuerprobe für sie sein! — Besteht sie dieselbe, handelt sie anders wie tausend Mädchen an ihrer Stelle handeln würden, läßt sie das Herz anstatt des Verstandes sprechen — so —."

„Der Baron von Bielow wünscht dem Herrn Grafen seine Aufwartung zu machen!" meldete laut ein eintretender Diener.

„Sehr willkommen!" Der Graf ging mit diesen Worten seinem Gaste entgegen und begrüßte ihn so freundlich und verbindlich, daß Herr von Bielow nicht ahnen konnte, welch' unangenehmen Nebenbuhler sein Wirth in ihm gefunden.

Ueberrascht blickte er aber in das Gesicht des

Grafen und ihm lebhaft die Hand reichend, sagte er
schnell: „Ich hatte bereits das Glück Sie zu sehen."

Graf Wildenfurt hielt den forschenden Blick mit
größter Ruhe aus und entgegnete artig:

„Ich hatte n i c h t das Vergnügen, sonst würde
ich Sie jedenfalls wieder erkennen!"

„Waren Sie nicht in Schlesien?"

„In Schweden! Ich kehrte erst heute zurück."

„So täuscht mich eine Aehnlichkeit! Seltsame
Aehnlichkeit."

„Möchte die Erinnerung eine angenehme sein, die
ich in Ihnen erwecke."

„Eine sehr schöne, eine der schönsten meines Le=
bens, denn Sie mahnen —."

„Darf ich nicht bitten, Platz zu nehmen, Herr
Baron."

„Ich komme eigentlich als Abgesandter; je=
doch —."

„Ah so, der Christbaum meiner Mutter brennt!
So gehen wir denn und entschädigen Sie mich bald
durch längern Besuch für den heutigen!"

Die erste Klippe war vom Grafen glücklich ver=
mieden. Als die Herren in den Salon des Land=
hauses traten, strömte ihnen Lichterglanz entgegen

und Alice im weißen Kreppkleide, lila Fliederblüthen im lichtblonden Haar, flog wie die verkörperte Freude auf sie zu, ihr Cousin nannte sie zu ihrem Entzücken einen kleinen Weihnachtsengel und Herrn von Bielows zustimmendes Lächeln bei dieser Bemerkung erhob sie in den Himmel. Alicens Elfengestalt fehlten in der That nur Flügel, um einen wirklichen Engel vorstellen zu können und leichtere anmuthigere Bewegungen, wie sie sie hatte, waren schwer anzutreffen. An dem Abend wurde sie noch dazu durch die glücklichste Stimmung gehoben, sie war reizend anzuschauen, der Jubel, in den sie beim Anblick ihrer überreichen Geschenke ausbrach, die Dankbarkeit, die sie ihrer Tante und deren Sohne ausdrückte, rührte Beide. Als Graf Hugo die glühende Wange Alicens freundlich streichelnd bewegt sagte: „es ist wirklich belohnend Dir Freude zu machen!" da ahnte er nicht, wie tief die Anerkennung Diejenige schmerzte, welche es nicht verstand, dem Gefühle der Dankbarkeit Worte zu geben.

Freude tief und lebhaft zu empfinden ist eine der glücklichsten Gaben, mit denen der Schöpfer das Menschenherz ausgestattet. Dankbarkeit warm und lebendig ausdrücken zu können, ist eine Befähigung

die dem Begabtesten und Talentvollsten oft am we-
nigsten zu Gebote steht, und ist auch Jemand dem
ersten dieser Gefühle zugänglich, so ist damit noch
immer nicht der volle Ausdruck des Letztern bedingt,
ja sogar eine Seltenheit, wo beides sich in uneingeschränktem Maße vereinigt.

Alice besaß diese schöne Befähigung zur reinsten
Freude und das Talent, sie offen an den Tag legen
zu können; ihre Gefühle waren noch nie im Leben
durch Zwang zurückgedrängt, nie im Leben durch
Kummer und Leid gedämpft oder beeinträchtigt worden, in ihrer Natur lag noch die erste ursprüngliche
Kraft der Jugend.

Agathe bildete, wie in Allen, auch hierin den
lebhaftesten Gegensatz zu Alicen; ihre Kindheit war
freudenlos, ihre Jugend traurig, ihr ganzes Leben
ein ernstes gewesen. Immer darauf hingewiesen,
Gedanken, Gefühle und Empfindungen zu beherrschen
und nicht laut werden zu lassen, hatte sie sich daran
gewöhnt, jede tiefere Gemüthsregung in sich zu ver-
schließen. Ihr Herz hatte so oft eine sehr heiße
mächtige Sehnsucht nach Freude und Glück empfunden, dieser so lange ungestillt gebliebene Durst hatte
sie aber still und geduldig gemacht. Seit Monaten

waren nun zwar die größten Revolutionen in ihrem
Innern vorgegangen, ihre Seele hatte Erschütterun-
gen erlebt, ihr Herz Kämpfe bestanden, von welchen
sie bis dahin nicht die Ahnung ihrer Existenz gehabt.
Für all' diese Bewegungen war aber auch nur die
tiefste Tiefe ihrer Brust der Schauplatz geblieben,
ans Licht noch keine dieser Empfindungen getreten! —
Mächtiger als in den ganzen Monaten war sie
aber in den wenigen Stunden dieses letzten Tages
erschüttert gewesen und nur die große Ruhe dessen,
der alle Unruhe in ihr erregte, machte es ihr möglich fort und fort zu verbergen, was nicht hervortreten sollte, hervortreten durfte! — Diese Ruhe Wildenfurts hielt auch den lauten Jubelruf ihres Herzens zurück, als sie an ihren Weihnachtstisch geführt
worden und unter allen reichen Gaben, mit denen
man sie bedacht, ihr Blick vor Allem auf ein Oel-
gemälde fiel, welches das am Ufer der Oder liegende
Gasthaus zur weißen Taube darstellte. Hastig griff
sie darnach, senkte das thränenfeuchte Auge fest darauf und sah nicht, daß Gräfin Wildenfurt sich leise
und lächelnd zurückzog, Herr von Bielow aber strahlend und glücklich zu ihr trat. Fast wäre das Gemälde ihrer Hand entfallen, als die halblauten Worte

an ihr Ohr tönten: „Möchte das Bild Sie an die
Stunde erinnern, wo es mir leider nicht gelang,
ein Leben zu retten, das seitdem das Theuerste der
Welt für mich ist!"

Mit bitterm Schmerz, mit herber Enttäuschung
erkannte Agathe ihren Irrthum und das Geschenk,
das einen Augenblick das Werthvollste für sie gewe=
sen, war jetzt das Werthloseste. —

Wildenfurt wandte sich, nachdem er jene bedeu=
tungsvollen Worte gehört und Agathens Erröthen
und Erbleichen gesehen, rasch ab und trat zu seiner
Mutter, die neben Alicen an einem entfernteren
Tische stand.

Bielow nahm Agathens Schweigen für mädchen=
hafte Scheu, war vorläufig mit dem erzielten Ein=
drucke seiner Worte und seines Geschenkes zufrieden
und fragte dann lebhaft: „ob sie in dem Grafen
nicht ihren Lebensretter erkannt." Sie erschrak und
diese Frage gab ihr die verlorene Thatkraft zurück,
mit Gewalt ihre Aufregung beherrschend, sagte sie
erstaunt: „haben Sie die Vermuthung?"

Er war glücklich, daß sie nicht die Gewißheit
besaß und entgegnete eifrig: „O nein, Fräulein
Harling, durchaus nicht! Nur vorhin beim ersten

Anblicke des Grafen glaubte ich in ihm Ihren Lebensretter zu erkennen, begrüßte ihn daher als Bekannten, doch er lehnte ab, es zu sein und versicherte mir, daß er nicht in Schlesien, sondern in
Schweden gewesen. Flüchtige Aehnlichkeit muß mich
daher wohl getäuscht haben."

Agathe stimmte der Annahme lebhaft bei und
den Verdacht Bielows, daß der Graf sie zu seiner
Mutter geführt, beschwichtigte sie ganz und gar durch
die offene Erzählung, wie sie wohl nur einzig durch
Protection von Alicens Tante nach Arnau gekommen sei.

Herr von Bielow war durch diese Auseinandersetzung so befriedigt, Agathe durch das Gespräch so
erregt, daß Gräfin Wildenfurt und ihr Sohn durch
den Anblick Beider zu der Ueberzeugung gelangten:
„daß das Bild zur Annäherung beigetragen und die
Herzensangelegenheit einen, den Wünschen Bielows
entsprechenden Fortgang genommen."

Wildenfurt that sein Möglichstes, die Verstim-
mung seines Innern zu verbergen und bei seinen
heitern Scherzen mit Alicen konnte man seinen wah-
ren Gemüthszustand unmöglich entdecken. Wie düster die Stimmung des Grafen, das zeigte sich nur

Agathen in einem Momente. Sie fand im Laufe
des Abends auf ihrem Tische Miltons verlorenes
Paradies und da sie bemerkt, daß Wildenfurt sich
einmal ihrem Tische genähert und Etwas hingelegt,
so vermuthete sie in ihm den Geber und dankte ihm.

„Ich konnte Ihnen leider kein, Ihnen so bedeu=
tungsvolles Geschenk machen, wie Herr von Bielow
so glücklich gewesen, zu treffen," sagte er kühl und
verbindlich, setzte aber erregt hinzu, als sie ihr see=
lenvolles Auge mit dem traurigsten Ausdrucke auf
ihn setzte: „ich, Fräulein Harling, begnügte mich da=
her damit, Ihnen eine Gabe hinzulegen, die allein
von tiefer Bedeutung für m i c h ist."

„Knüpft sich an das verlorene Paradies für Sie
eine traurige Erinnerung?" fragte sie ernst.

Ueber Wildenfurts Gesicht flog ein dunkler Schat=
ten. „Sehr traurig!" sagte er leise. In derselben
Secunde, als er das Wort gesprochen, beschlich ihn
die Angst, sich verrathen zu haben und zu seinem
gewöhnlichen Mittel die Zuflucht nehmend, rief er
scherzend: „Wo ist der glückliche Sterbliche zu finden,
der in meinem Alter ist und noch kein Paradies ver=
loren hat!"

„Glücklich wenigstens Die, die es einmal beseſſen, Herr Graf."

„So glücklich ſind alle Menſchen."

„Wenige!" antwortete ſie ſo ernſt, daß er ſtaunte.

„Ich beſtreite das, Fräulein."

„Beweis, daß Sie zu den Glücklichen gehören, die das Flammenſchwert des Engels nicht vom Eingange zum Paradieſe fern gehalten."

„Wen verſtehen Sie unter jenem Engel?"

„Das Schickſal."

„War es Ihnen bisher ſo ungünſtig, daß Sie das Paradies des Lebens nicht betraten, Fräulein?"

„Ich werde zu den Glücklichen gehören, die es nicht verlieren können, weil — ſie es nie gefunden!" antwortete ſie lächelnd.

„Sollte Arnau kein glückliches Terrain für Sie ſein?" fragte er neckend und blickte ſie forſchend an.

Es flog bei dieſen Worten eine ſo tiefe Gluth über Agathens Antlitz, ihr Auge leuchtete eine Secunde ſo wunderbar, daß Wildenfurt überraſcht wurde. Sie ſenkte ihr Auge vor ſeinem forſchenden Blicke und ſo entging ihr der glänzende Strahl, der aus dem ſeinigen brach als er ſie betrachtete, die nicht aufzuſchauen wagte.

12*

„Kennen Sie das Lieblingssprichwort unseres alten Davids?" fragte der Graf nach kurzer Pause.

„Unverhofft kommt oft?" entgegnete sie, mit
glücklichem Lächeln ihn fragend ansehend.

„Ja!" sagte er ebenfalls lächelnd und setzte ernst
hinzu: „Das Wort war oft mein Trost, wenn die
dunkeln Schatten des Lebens zu tief über mich herein-
brachen — und ich verzagen wollte! Denken Sie
auch an diesen Spruch und verzweifeln Sie noch
nicht, wenn das Paradies des Lebens Ihnen bisher
verschlossen geblieben, denn seine Pforten können sich
Ihnen vielleicht bald öffnen!"

Die Pforten des Paradieses schienen sich Agathen bei diesen Worten bereits zu öffnen und indem
sie Miltons verlorenes Paradies betrachtete, glaubte
sie — das ihre gefunden zu haben! Sie dachte in
dem Augenblicke nicht, daß das Schicksal das Flam-
menschwert ewig in der Hand hält und es abwehrend denen entgegen streckt, die ein unverhofftes glückliches Ereigniß, das plötzlich wie aus den Wolken
über sie hereinbricht, als dauernd betrachten und
daran die frohen Hoffnungen für ihre Zukunft reihen
wollen! —

Zehntes Kapitel.

In den Frühstunden des ersten Feiertages fand im Schlosse zu Arnau die Christbescheerung der Dorfkinder und Armen des Orts Statt. Bei dieser Feierlichkeit, wo Alice durchaus nicht in ihrem Elemente war, zeigte sich Agathens Charakter in seiner ganzen Liebenswürdigkeit. Daran gewöhnt, mit Kindern zu verkehren, kannte sie deren Individualität genau, wußte die Schüchternen ihrer Verlegenheit zu entreißen und der Freude zugänglich zu machen, verstand die lauten Ausbrüche der Lebhaften zu mildern und auf ihre Ideen einzugehen. Wie sie sich in England zur Lieblingslehrerin im Pensionate gemacht, so errang sie auch in Arnau bald den ersten Platz im Herzen der Kinder; die kleine Schaar drängte sich eben so eifrig um sie, wie Alice bemüht war, jede Annäherung in Rücksicht auf ihr reichgesticktes wei-

ßes Morgengewand von sich abzuwehren. Agathens
dunkelem einfachem Thibetrocke schadeten die Berüh-
rungen der Kinder nicht und die festgeflochtenen
Zöpfe ihres reichen Haares kamen bei lebhafter Bewegung nicht in Verwirrung, wie Alicens künstlich
geordnete Locken und lose flatternden Chignons.

Bielow und Wildenfurt traten an diesem Morgen die Gegensätze im Charakter und Wesen der Mädchen eben so lebhaft entgegen, wie am vergangenen
Abend, sie waren Beide zu ernst und gediegen, als
daß sie nicht Flitter von Gold, Schein von Wirklichkeit zu unterscheiden verstanden, nicht gewußt,
wem sie den Vorrang in ihrem Herzen einräumen
sollten.

Als Gast des Hauses war indessen Bielow zu
größerer Rücksicht gegen Alicen, die Nichte der Gräfin, gezwungen, sein Benehmen überschritt aber nicht
die Grenze der gewöhnlichsten Artigkeit und jener
üblichen Form des geselligen Lebens. So redete er
denn mehr mit ihr wie mit Agathen, er war auch
auf dem Hin- und Rückwege zur Kirche ihr Begleiter, da sie zur Seite ihrer Tante ging und er dieser
den Arm geboten. Was das eitle verblendete Mäd-

chen als persönliche Huldigung annahm, betrachtete
die welterfahrene Frau mit ganz andern Augen und
Bielows Zerstreutheit, die Alicen als neuer schmei-
chelhafter Beweis für ihre Vermuthung, geliebt zu
werden, galt, bewies der Gräfin nur, daß ihr junger Begleiter unausgesetzt an Agathen dachte, die
in Begleitung des Grafen ging. Es beunruhigte
die gute Frau, daß der Liebende von der Flamme
seines Herzens getrennt war und konnte es dennoch
nicht ändern, daß ihr Gast eine gewöhnliche Rücksicht gegen sie und Alicen nahm, ihr Sohn sich wiederum Derjenigen widmete, die ein Mitglied ihres
Hauses. Um nun aber einem Verhältniß nicht hin-
dernd in den Weg zu treten, das Agathens Glück
zu begründen vermochte, beschloß die Gräfin bei
Tische, wo Bielow abermals zwischen ihr und Alicen saß, sich am Nachmittage in ihr Zimmer zurück-
zuziehen und Bielow ein ganz freies Feld zu seinen
Operationen zu lassen. Bevor sie ihre Absicht aus-
führte, berief sie ihren Sohn zu sich und sagte ihm
offen den Grund ihrer Handlungsweise. Nicht ohne
Erstaunen sah der Graf sie an und entgegnete ruhig:

„Ich glaube, liebe Mutter, Du kannst ohne
Furcht, durch Deine Anwesenheit Fräulein Harlings

Glück zu beeinträchtigen, immer bleiben, denn so
wie mir scheint, liebt sie Herrn von Bielow nicht."

„Sie wird aber seinen Antrag annehmen!" sagte
die Gräfin mit größter Bestimmtheit.

„Weißt Du das sicher?"

„Ganz! Sie hat offen zu mir über diese soge=
nannten Vernunftehen und Vernunftpartien gespro=
chen, als sie mir erzählte, wie zwei ihrer Schwe=
stern sich nur mit ruhiger Ueberlegung ohne alle
Neigung verlobt. Ich entsinne mich deutlich ihrer
vernünftigen Worte: „es würde Thorheit gewesen
sein, Anträge von Männern abzulehnen, die ihnen
ein unabhängiges Leben sicherten und sie der auf
die Dauer so trostlosen Existenz einer Erzieherin
entrissen." Nach ihren Aeußerungen zu urtheilen,
war sie dieser Existenz selbst sehr überdrüssig und
ich glaube, daß sie sogar mit Freuden eine Gelegen=
heit ergreifen wird, eine reiche Frau und vornehme
Dame zu werden."

So unangenehm auch der Graf durch diese Worte
berührt wurde, ließ er seiner Mutter den Eindruck
nicht merken und nahm sich nur von Neuem fest
vor, ein Herz ernstlich zu prüfen, dem er so geneigt
gewesen, unbedingt und fest zu vertrauen. Ihn

störte bei dieser Absicht nur die dringend ausgesprochene Bitte seiner Mutter, zu vermitteln, daß Bielow ungestört mit Agathen reden und er Alicen beschäftigen sollte. Der Graf ahnte nicht, daß seine
Mutter an die Erfüllung dieser Bitte den Gedanken
reihte, „die Beschäftigung mit Alicen möchte ihm
gefährlich werden.“

Der Graf war verstimmt, als er nach der kurzen Unterredung mit der Mutter in den Salon zurückkehrte, wo Bielow und die beiden Damen waren, er wurde noch verstimmter, als er eine Zeit
lang der Unterhaltung zugehört, die Bielow nicht
allein mit Gewandtheit, sondern mit Geist führte.
Hugo mußte sich gestehen, daß man ihm nicht zu
viel des Lobes von dem jungen Manne gesagt. Bielow verband mit liebenswürdigem Wesen einen reich-
gebildeten Geist und der Ernst, die Gediegenheit seines Charakters trat in einzelnen Aeußerungen und
bei Anschauungen des Lebens deutlich hervor. Hugo
dachte nach einigen Stunden des Zusammenseins,
daß nicht allein Agathe, sondern jedes Mädchen sich
durch die Bewerbung eines solchen Mannes geehrt
fühlen könne. Mit etwas schwerem Herzen entschloß
sich Wildenfurt gegen Abend, Bielow das Feld zu

räumen, er bewog Agathen, mit dem Gaste Schach
zu spielen und setzte sich, um Beide ungestört zu
laffen, mit Alicen in die entfernteste Ecke des Salons, er zeigte ihr Bilder, unterhielt sie von seiner
Reise und beschäftigte sich am ganzen Abend nur
mit ihr.

Alice kam dadurch zu der Ueberzeugung, ihr Vetter liebe sie ebenfalls und war überglücklich. „Wen
soll ich wählen?“ war die Frage, die sie ausschlie-
ßend am Abend des ersten Feiertages beschäftigte.
Am Tage darauf neigte sich die Wagschale ihrer
Gunst ihrem Vetter zu, für den nur noch sie auf
der Welt zu sein schien. Zu ihrer Entscheidung trug
ein Brief ihrer Mutter bei, den sie an dem Morgen erhielt, denn darin stand die Ermahnung: „Bedenke wohl, Alice, daß Dein Vetter eine bedeutend
bessere Partie als Herr von Bielow ist und Hugo
außerdem den Grafentitel besitzt.“

Agathen war die Veränderung in des Grafen
Benehmen nicht entgangen, sie wußte auch deutlich,
daß sie von dem Augenblicke ab eingetreten, nachdem
er eine kurze Unterredung mit seiner Mutter gehabt,
sie hielt sich fest überzeugt, daß er aus Liebe zu die-

fer die Liebe zu einem Mädchen überwinden könne, die ihr keine erwünschte Schwiegertochter sei. Wer der Gräfin aber eine erwünschte Schwiegertochter war, das gestand sie Agathen am Nachmittage des zweiten Feiertages ganz offen, als Cousin und Cousine zusammen musicirten und Graf Hugo Alicen solche Artigkeiten über ihre großen Fortschritte im Spiel sagte, daß sie vor Glück und Freude ganz falsch griff.

„Meine Nichte würde die passendste Frau für Hugo sein," setzte die alte Frau mit freundlichem Blicke auf die lachende Alice hinzu, „sie ist so heiter, so kindlich und das liebt er Beides."

Agathe neigte ihr erglühendes Antlitz noch tiefer über ihre Stickerei, stickte so eifrig fort, daß sie nicht sah, wie die Gräfin von ihrem Platze aufstand und der Sohn den Stuhl ihr gegenüber einnahm. Erst seine Frage: „So fleißig, trotzdem das Weihnachtsfest vorüber?" machte ihr den Wechsel bemerkbar; sie erschrak — sah sich um, — erschrak noch mehr, als sie bemerkte, daß sie mit Wildenfurt allein im Salon war, faßte sich aber möglichst schnell und erzählte, daß sie an einem Braut-

schleier für ihre Schwester arbeite, die sich kürzlich
verlobt habe.

„Wird die Hochzeit bald stattfinden?"

„In den ersten Tagen des Januar."

Wildenfurt erkundigte sich nach den Namen des
Bräutigams, erfuhr zu seiner größten Ueberraschung,
daß es sein Freund, der Doctor Voigts, sei und
hörte auch, auf welche Weise sich die Partie gemacht. — Auf seine Frage, ob die Verlobung aus
Neigung Statt gefunden, gestand Agathe offen, was
sie einst seiner Mutter darüber gesagt und sie, die
sich selbst in der unangenehmsten Lage ihres Lebens
zu keiner Versorgungspartie entschlossen haben würde,
redete diesen Heirathen das Wort, um ihre Lieblings-
schwester in seinen Augen zu entschuldigen. Jedes
ihrer Worte berührte aber den Grafen auf das Wi-
derwärtigste und als sie geendet, hielt er sich überzeugt, daß auch sie nie den Antrag eines Mannes
ablehnen würde, gegen den die Stimme der Vernunft und Ueberlegung Nichts einzuwenden hätten.
In dieser Annahme wurde er bestärkt, als sie von
der Verlobung ihrer Schwester Marie sprach, die,
wie sie ihm sagte, vor Jahren gegen den Willen

ihrer Mutter einen armen Hauslehrer ihr Wort gegeben, sich dadurch eine gute Partie verscherzt, jetzt
schon so manche Unannehmlichkeit in ihrem langen
Brautstande zu ertragen gehabt und von ewiger
Sorge um die Zukunft gequält würde. Graf Wildenfurt erkundigte sich nach dieser Sorge und erfuhr,
daß die Vereinigung des Paares von des Verlobten
Anstellung als Pfarrer abhängig. Agathe setzte
hinzu: „Jetzt — hier in Arnau, wo sich so viele
Candidaten um die vacante Predigerstelle bewer-
ben, da habe ich erst die Bedenklichkeiten meiner
Mutter gegen Verbindungen verstanden, wo der
Mann dem Mädchen mit dem Antrage seiner Hand
nicht zu gleich sichere Lebensstellung zu bieten
vermag."

„Da wird Ihre Frau Mutter wohl mit Ihrer
Partie unendlich zufrieden sein!" sagte der Graf mit
leichter Ironie.

„Mit meiner Partie?" wiederholte Agathe noch
erstaunter über den Ton als die Worte.

„Verzeihen sie die Neckerei," erwiederte er kalt,
„und lassen Sie mich hoffen, verehrtes Fräulein,
daß ich Ihnen bald zu solcher Verbindung meinen

aufrichtigsten Glückwunsch sagen kann, wo sich Ihnen
mit dem Heirathsantrage zugleich die Aussicht auf
eine gesicherte Lebensstellung bietet, in der Sie ja
das höchste Erbenglück zu finden scheinen."

Wie tief erröthete Agathe bei diesen bittern und
ironischen Worten, — wie schmerzlich berührte sie
die Ueberzeugung, daß Graf Wildenfurt sie gänzlich
mißverstanden und ihre Worte, die sie zur Vertheidi-
gung ihrer Mutter gesagt, so falsch gedeutet. Da
er sie sofort verließ, konnte sie das Mißverständniß
nicht einmal aufklären. Die Betrübniß ihres Herzens nahm am folgenden Morgen zu, als sie hörte,
daß er eine kleine Geschäftsreise angetreten und steigerte sich mit jedem Tage, den er fern blieb.

Alice wandte sich nach ihres Vetters Abreise wieder ganz Herrn von Bielow zu, er mußte mit ihr
Schach spielen, ihre Lieder accompagniren und wenn
sie ausritt, ihren Cavalier machen. Sie hielt sich
fest überzeugt, daß er Arnau nicht verlassen würde,
ohne ihr seine Liebe erklärt zu haben. Als er in
den Morgenstunden des Sylvesters eine lange ge-
heime Unterredung mit ihrer Tante hatte, hoffte sie
jeden Augenblick herbeigerufen zu werden, um ihr

Jawort zu geben und als glückliche Braut in die
Arme des überglücklichen Verlobten zu sinken. Sie
hatte ihre Locken schon zum dritten Male in Ord-
nung gebracht, schon zum zehnten Male ihr glühendes Antlitz im Spiegel betrachtet und gefunden, daß
sie die reizendste Braut der Welt sein würde, aber
immer langte nicht die Botschaft an, daß sie in das
Zimmer ihrer Tante kommen sollte! — Plötzlich
tönte Hufschlag an ihr Ohr, sie stürzte an das Fenster und sah Bielow im gestreckten Galopp von dan-
nen reiten. — Betroffen stand sie einen Augenblick
da. — Hatte ihre Tante ihn abgewiesen, aus dem
Grunde abgewiesen, weil ihr Sohn sie liebte? —
Sie mußte Gewißheit haben, — eilte zu ihr und
stand nach wenigen Secunden in heftigster Erregung
vor der alten Dame, die, wie sie glaubte, über ihr
Schicksal entschieden, ohne sie nach ihrem Wünschen
und Willen gefragt zu haben. Zu ihrem unaus-
sprechlichen Erstaunen vernahm Alice die ganz un-
erwartete Nachricht, daß Herr von Bielow um Agathe
Harling angehalten und diese zum größten Kummer
des Bewerbers seinen Antrag auf das Entschiedenste
abgelehnt und er Arnau im ersten heftigen Schmerze
getäuschter Hoffnung verlassen.

Bei dem bloßen Erstaunen ließ Alice es nicht
bewenden. Als sie die Sprache wiedergewonnen, er-
goß sich der Schmerz ihrer getäuschten Hoffnungen
in einen Strom der unsinnigsten Beschuldigungen
gegen Agathe, dann brach sie in convulsivisches
Schluchzen aus und beweinte diese zweite Täuschung
ihres Lebens so heiß und so lange, bis sie die hef-
tigsten Kopfschmerzen hatte.

Die Gräfin suchte ihre aufgeregte Nichte zu be-
ruhigen, brachte sie zu Bette und Alice entschlief
endlich mit dem tröstlichen Bewußtsein: „daß ihre
gute Tante gewiß bald ihre sehr liebe Schwieger-
mutter sein würde."

Agathe hatte durchaus keine Ahnung davon, daß
der ihr so ganz unverhofft gewordene Heirathsantrag
Alicen solch' trübe Stunden bereitet. Die Gräfin
hatte sie nicht zu ihrer Nichte gelassen, Alice zu
leidend geschildert, um viel sprechen zu dürfen. So
war Agathe denn den ganzen Tag allein gewesen
und unter oft recht heißen Thränen hatte sie Nachmittags den Brautschleier für ihre Schwester beendet.
Gegen Abend war sie in der Hoffnung in den Salon
gegangen, dort die Gräfin oder Alicen zu finden,

193

sie traf aber Niemand, setzte sich in eines der tiefen
Bogenfenster und blickte traurig auf die öde winter-
liche Landschaft. Vor ihren Ohren tönten unausgesetzt die Worte der Gräfin, die sie am Morgen vernommen: „Mein Sohn, der Sie so hoch schätzt und
so gern glücklich wissen möchte, würde sich unendlich
freuen, wenn Sie auf die Wünsche eines Ehren-
mannes wie Bielow eingingen."

Agathe konnte an diesem Wunsche um so weniger zweifeln, als er ja einige Tage zuvor Aehnliches
gegen sie selbst ausgesprochen. Nun waren ihr seine
Worte am Weihnachtsabend erklärt, jetzt wußte sie
auch, was er damit gemeint, als er Arnau als ein
glückliches Terrain für ihr zukünftiges Paradies bezeichnet! — Wie so ganz anders hatte sie diese
Worte verstanden, welch' andern Sinn seinen Worten beigelegt! Das Paradies, das sich ihr vor wenigen Tagen in lachender, blühender Schönheit eröffnet,
war verschwunden, schnell hatte sie das Flammen-
schwert des Schicksals aus jenen zauberischen Gefil-
den des Glücks und der Liebe vertrieben und in die
kalte öde Wirklichkeit des Lebens zurückgeführt, in
ein so kaltes, ödes Leben, daß sie noch nicht wußte,
wie darin ausdauern mit ihrem warmen Herzen,

ihren glühenden Empfindungen. Sie schauderte, wenn sie an die Zukunft dachte und da vielleicht kein Tag im Jahre mehr dazu geeignet ist, die Gedanken in dieses uns verhüllte Gebiet hinauseilen zu lassen, so irrten auch die Agatheus rastlos in dem dunkeln Labyrinthe ihrer Zukunft umher und fanden lange, lange Zeit keinen Ausweg. —

Elftes Kapitel.

Gräfin Wildenfurt zog sich leise und behutsam aus dem Zimmer ihrer Nichte zurück, als sie eine Weile Alicens tiefen festen Schlaf beobachtet und sie auf diese beste und heilsamste Art ihrem Herzenskummer entrückt sah. Als sie ihr Wohngemach betrat, harrte ihrer dort die größte Freude und angenehmste Ueberraschung. Sie sah ihren Sohn. — Graf Wildenfurt saß auf seinem gewöhnlichen Platze, in seiner gewöhnlichen Stellung in der Ecke des Sophas, den Kopf in die Hand gestützt, er lauschte mit sichtbarem Entzücken und tiefer Andacht der schönen Stimme Agathens, die im Salon nebenan die herrliche Arie aus dem Elias sang: „Sei stille in dem Herrn, er wird Dir geben, was Dein Herz sich wünschet." — Schöner und ergreifender konnte diese wundervolle Tondichtung Mendelssohns nicht

13*

vorgetragen werden — vielleicht hatte Agathe sie
auch noch nie in ihrem Leben so gesungen wie an
diesem Aend, wo ihr Herz tief bekümmert gewesen,
in ihrer Seele noch all' die Empfindungen nachzitter=
ten, die sie heftig und gewaltsam erschüttert. Die
Musik war schon oft im Leben die einzige Trösterin
des bedrängten und verlassenen Mädchens gewesen
und sie nahm auch an dem Abend zu den Tönen
ihre Zuflucht, als sie sich trauriger und vereinsam=
ter denn je in der Welt fühlte. Wie Perlen reihten
sich klar und rein die tiefen vollen Töne ihrer wei=
chen klangvollen Stimme aneinander und während
Worte und Melodie den Sturm in ihrem Innern
beschwichtigten, riefen sie solchen mächtig in dem
Herzen dessen wach, der ihrem Gesange andächtig
lauschte.

Einige Augenblicke erlag auch Gräfin Wildenfurt
dem Zauber dieser Töne; still und immer stiller
wurde es in ihrer Seele, die an dem Tage durch
Rückerinnerung an vergangene Zeiten tief bewegt
und durch Agathens feste Entschlossenheit gewaltiger
erregt worden, als diese eine Ahnung gehabt, wie
ihre entschiedene Sprache wirken könne. Zum ersten
Male in ihrem langen Leben war in der alten Frau

der Gedanke aufgetaucht, wie so ganz anders hätte
sich wohl Dein Leben gestaltet, wenn Du in Deiner
Jugend ähnlichen Muth, wie dieses arme Mädchen
gehabt, so entschieden gesprochen hättest, als man
Dein Schicksal auf so grausame Weise entschied!"
— Agathens Energie hatte ihr imponirt und sie voll
Bewunderung dieses Charakters gedacht, als das
charakterlose Wesen Alicens ihr in den letzten Stun=
den so klar wie noch nie entgegengetreten und sie
bei dem haltungslosen Schwanken ihrer Nichte, von
einem Gefühle und Gegenstand zum andern deutlich
eingesehen, daß sie sich getäuscht, indem sie ein sol=
ches Mädchen als passende Lebensgefährtin für ihren
ernsten Sohn erachtet.

Welche Gefühle nun aber auch die Gräfin an
dem Tage und Abend bewegt, sie gingen alle in dem
Einen des beglückten Mutterherzens unter; mit stillem
Entzücken hing ihr Auge an dem geliebten Sohne,
der unvermuthet heimgekommen, und bald drängte
es sie, an dem Herzen zu ruhen, das ihre ganze
Welt war und welches Herz, seitdem sie es besaß,
sie so überreich für alles Weh ihrer Jugend, für je=
des Leid ihres Lebens entschädigt! — Behutsam
schlich sie zu ihm, fest umschlossen aber dann ihre

zitternden Arme das einzige, das heißgeliebte Kind.
— Der Graf sprang auf, er lächelte so heiter, so
zufrieden, wie er immer zu lächeln pflegte, wenn er
das Glück bemerkte, das seine Mutter in ihm fand,
immer und wieder küßte er die theuren Lippen, die
ihn so herzlich bewillkommten. Als sie ihn leise und
vorwurfsvoll fragte, warum er, nachdem er kaum
heimgekehrt, sie wieder verlassen, zog er sie zu sich
in das Sopha und antwortete lächelnd: „Ich wollte
das alte Jahr einmal recht fromm und würdig be-
schließen und habe mich daher in den letzten Tagen
einzig mit geistlichen Angelegenheiten beschäftigt.“

„In wiefern, mein Sohn?“

„Ich sorgte dafür, daß wir einen tüchtigen Prediger nach Arnau bekommen, habe alle meine Bekannten für meine Wahl bestimmt und — erreicht,
was ich wollte!“

„Die Wahl ist doch hoffentlich nicht auf einen
der Candidaten gefallen, die hier Probepredigten gehalten haben?“

„Nein, Mütterchen, mein Auserwählter wird Dich
erst morgen erbauen und übermorgen bei der Wahl
als unser zukünftiger Pfarrer hervorgehen, wenn er
die Erwartungen erfüllt, die wir an ihn knüpfen.“

„Wie heißt er?"

„Trautmann."

„Ist das ein Verwandter von Agathens künftigem Schwager?"

„Der nächste, Mutter! — Er ist es selbst."

„Wie? — O wie glücklich wird sie sein! Soll ich sie rufen. Die Arie ist zu Ende."

„Sie beginnt ein neues Lied! Laß sie singen und erzähle Du mir erst wie es Dir in den letzten Tagen ergangen? — Ist Bielow noch hier und wo ist Alice?"

Die Gräfin machte ein so trübseliges Gesicht, daß ihr Sohn sie erstaunt anblickte und verwundert fragte:

„Was ist geschehen? Was hat sich ereignet?"

„Das Unerwartetste!"

„Du weißt ja, Mama, „unverhofft kommt oft!"

„Ach, das hätte ich doch nicht vermuthet."

„Was denn, beste Mutter? Hat Bielow sich mit Alicen verlobt und bist Du trostlos, daß Dir diese Schwiegertochter entgangen ist?" Der Graf lächelte so heiter wie selten.

„Wollte Gott, es verhielte sich wie Du sagst!"

rief die alte Frau seufzend. „Der Fall wäre der glücklichste."

Wildenfurt erbleichte, als er langsam fragte: „Ist Bielow mit Fräulein Harling verlobt?"

„Gott bewahre! Sie hat seinen Antrag abge= lehnt und er hat uns in höchster Verzweiflung ver= lassen."

Der Graf athmete tief auf und rief mit großer Lebhaftigkeit: „Er wird sich schon trösten, Mama! Er ist nicht der Erste, dem etwas mißlingt! — Wie kam das aber, daß sie, die so für Vernunftehen ein= genommen, solch' brillanten Antrag ablehnen konnte?"

„Ja, der Mensch spricht oft ganz anders wie er handelt, mein Sohn. Bei ihr ist wohl der Grund, daß sie eine andere Liebe hat!"

„Andere Neigung?"

„Ja, und noch dazu sehr tiefe, denn sonst hätte sie nicht in der Art zu mir sprechen können, wie sie gesprochen. Ach, es ging mir sehr nahe!"

„Vielleicht irrst Du, liebe Mutter."

„Ach nein, mein Sohn, wir Frauen haben da= für ein richtiges Verständniß und unendlich feines Gefühl."

„Erfuhrst Du nichts Näheres?"

„Gar nichts! Ich erſah nur, daß ihre Liebe eine hoffnungsloſe und unglückliche ſein muß; es war nichts Freudiges in ihr, als ſie ihr Schickſal entſchied und mein Herz brach faſt, als Bielow ihr voll Edelmuth Glück wünſchte und ſie ihn mit tiefer Wehmuth bat: „Wünſchen Sie mir Frieden, das iſt das Einzige, was ich bedarf!" Wahrſcheinlich liebt ſie alſo Jemand, der ihren Werth nicht erkennt, ihre Liebe verwirft, das Kleinod ihres Herzens nicht achtet und ſieh, Hugo, der Menſch muß ein kurzſichtiger, ein blinder Menſch ſein, daß er den Werth dieſes Mädchens nicht erkennt und nach ihrem Beſitze trachtet, es iſt gar betrübt und ich gäbe viel darum, wenn ich dieſe thörichte Liebe aus ihrem guten Herzen reißen könnte! Sie macht ſie nur unglücklich."

Die Gräfin ſchwieg erregt, ihr Sohn ſtützte in der Weiſe ſeinen Kopf in die Hand, daß dieſe ſein Geſicht halb bedeckte, halb verſchattete, er fuhr aber empor als ſeine Mutter nach längerer Pauſe eindringlich ſagte: „Du, lieber Hugo, könnteſt ein recht gutes Werk thun, wenn Du Agathen beredeteſt, Bielows Antrag anzunehmen!"

„Ich, beſte Mutter, wie ſollte ich dazu kommen?"

„Um Bielows Glück zu begründen."

„Was geht mich dessen Glück an, gute Mutter!"

„Sprich nicht so sündlich, Hugo! Es ist die
Pflicht eines jeden Menschen, dem Andern zu helfen
wo er kann."

„Ja, wo er kann, Mutter! Aber ich kann das
wahrlich nicht!"

„Du kannst, mein Sohn, und darfst es daher
nicht unterlassen. Du hast viel Einfluß auf Agathen, trotzdem sie Dich so wenig kennt, obgleich sie
Dich mehr kennt als Du glaubst, denn die ganzen
Monate habe ich ihr jeden Deiner angekommenen
Briefe vorgelesen. Wie sie all' Deine Urtheile behalten und welches Interesse sie an Deinen Erleb-
nissen nahm, das hat sie mir nur zu oft deutlich
verrathen! Darum sagte ich ihr denn auch heute,
daß Du Dich sehr freuen würdest, wenn sie Bielows
Antrag annehme. Sie fragte mich so lebhaft, so
eindringlich, ob Du es wirklich wünschtest, daß ich
schon glaubte, sie würde andern Sinnes werden, als
ich ihr versicherte, wie sehr erfreut Du darüber gewesen, als Du Weihnachten — am Tage Deiner
Rückkehr von mir gehört hättest, daß sich ihr in
Arnau ein so unverhofftes Glück bieten würde."

Der Graf war während dieser letzten Worte aufgesprungen und rief lebhaft:

„Wenn Du ihr das gesagt haft, Mutter, so muß ich allerdings gleich mit ihr sprechen, um ihr zu sagen —“

„Ja, mein Sohn, sprich mit ihr, ernst und einbringlich, denn solche Worte eines vernünftigen Mannes können viel Gutes stiften, können bewirken, was keine Frau zu erreichen im Stande ist. Sage ihr also, daß Bielow sie liebt, wie nur ein Mann sie zu lieben vermöchte.“ —

„Das kann ich nicht sagen, denn das weiß ich nicht.“

„Aber ich weiß das! Sage es ihr also auf meine Verantwortung und stelle ihr auch vor, wie unendlich glücklich sie mit ihm werden würde.“

„Aber, beste Mutter, das kann ich auch nicht sagen, denn woher sollte ich das wissen?“

„So weiß ich es, Hugo! Sie wird glücklich, denn jede Frau, die ihren Mann beglückt, ist glücklich und Agathe, Agathe mit ihrem vortrefflichen Herzen, ihrem edeln Charakter wird Bielow beglücken.“

„Das sage ich ihr nicht, Mutter, das kann ich ihr nicht sagen!" rief der Graf heftig.

„Du lieber Himmel, was willst Du ihr denn eigentlich sagen?"

„Ich weiß es selbst noch nicht, Gott wird es mir schon eingeben, Mutter."

„Ach, mein Sohn, laß Dir nur auch Etwas von Deiner Mutter rathen und so vergiß vor Allem nicht, ihr anzuführen, daß es ja eigentlich ihr Lebens= retter ist, der sie liebt, — der sie schon geliebt, als er sein Leben für sie wagen wollte —."

„Ja, Mutter, da hast Du Recht, das werde ich ihr sagen. Laß mich nun rasch zu ihr!"

„Vergiß nur Nichts!"

„Gar nichts, beste Mutter!" Der Graf stürzte so eilig in den Salon, daß die alte Dame ihrem sonst so ruhigen Sohne ganz verwundert nachblickte, dann verließ sie aber ebenfalls das Zimmer, um nach Alicen zu sehen.

Als die Gräfin nach ungefähr einer Stunde da= hin zurückkehrte, trat ihr Sohn noch eiliger aus dem Salon als er hineingegangen, führte aber an seinem Arme Agathen und indem Diese vor dem fragenden Blicke der Gräfin ihr leuchtendes Auge zu Boden senkte, rief er lebhaft:

„Mutter, Agathe hat den Antrag ihres Lebens= retters angenommen und will die Seine werden!"

Die Gräfin umarmte Agathen und ihr glühen= des Antlitz freundlich streichelnd fragte sie sanft:

„Ist es Ihnen auch nicht schwer geworden auf seine Wünsche einzugehen?"

Agathe umschlang die Gräfin fester, Wildenfurt entgegenete lächelnd:

„Nein, Mutter, von der Befürchtung kann ich Dich befreien; als ich ihr sagte, daß ich sie liebte, sie schon damals unbewußt liebte, als sie leblos in meinen Armen lag und ich sie dem sichern Tode entriß, da gestand sie mir —."

„Wie, Hugo? — Du liebst sie? — Du rettetest Agathen — Du hast sie jener Todesgefahr entrissen?"

„Um sie fort und fort zu lieben und vor jeder fernern Gefahr des Lebens zu beschützen!"

———————

Zwölftes Kapitel.

Am Morgen des sechsten Januar, des Hochzeits-
tages von Theodore Harling, herrschte nicht allein
das regste Leben und die größte Geschäftigkeit in der
kleinen Mansarde der Frau Gerichtsräthin, sondern auch in der eleganten ersten Etage, die die
Generalin von Wildenfurt bewohnte, waren schon
in aller Frühe das lebhafteste Treiben und die größte
Unruhe bemerkbar.

Am Abend zuvor war ein Brief vom Grafen
Hugo an seine Tante angelangt, in dem er ihr mit-
theilte, „daß die Bewohner von Arnau auf einige
Tage nach Berlin kommen würden." Obgleich er
angezeigt, daß er im Hôtel du Nord Quartier bestellt, so hatte die Generalin doch tausenderlei Vorbereitungen zu dem Empfange ihrer Familie zu
treffen und ihre arme Schwester mit solchem Vor-

rath von Aufträgen überhäuft, daß Tantchen es für das Angemessenste erachtet, wie stets bei solchen außerordentlichen Gelegenheiten, die Nacht zu Hilfe zu nehmen, um die Launen und Einfälle ihrer lieben Schwester nur einigermaßen befriedigen zu können.

Das geschäftige Tantchen wirthschaftete in dieser Nacht und dem darauf folgenden Morgen aber mit ganz besonderer Freude, ganz besonderem Eifer. Die ewig combinirende Generalin hatte nämlich ihrer an derartigen Phantasien sehr armen Schwester ihre festen Vermuthungen mitgetheilt und diese bestanden in nichts Anderm, als daß ihr Neffe sich mit Alicen verlobt, wahrscheinlich aus dem Grunde so schnell verlobt, weil Herr von Bielow als gefährlicher Nebenbuhler aufgetreten.

Tantchen, die sehr gründlich in allen Dingen war, namentlich in denen, wo ihre Schwester oft so grundlose Behauptungen aufgestellt, hatte sich freundlich eine nähere Erklärung für diese Auffassung der Reise erbeten. Etwas verletzt war ihr von der Generalin erwiedert worden: „Aber, beste Clotilde, ein außergewöhnliches Ereigniß muß doch jedenfalls dieser Reise nach Berlin zu Grunde liegen, denn

wie würde sich sonst meine alte bequeme Schwägerin
entschlossen haben, mitten im Winter und dazu so
plötzlich Arnau zu verlassen, was anders hätte wohl
Hugo, dem Berlin ein so fataler Aufenthalt ist, be=
stimmt, jetzt die Reise zu unternehmen."

„Er bittet Dich aber in seinem Briefe inständigst,
keine Vermuthungen an die Reise zu knüpfen!"
schaltete die Tante ein.

„Das bestimmt mich eben um so mehr in mei=
nem Glauben, daß er mit Alicen verlobt ist."

Tantchen war wohl einleuchtend, daß ein außer=
gewöhnliches Ereigniß die Reise veranlaßt, doch sie
konnte nicht so schnell wie ihre Schwester annehmen,
daß dieses außergewöhnliche Ereigniß gerade Alicens
Verlobung sein müsse. Die Generalin zuckte etwas
verächtlich ihre Schultern und sagte gereizt: „Du
warst stets ein wenig schwerfällig von Begriffen,
gute Clotilde, doch lies Alicens Brief, da schwinden
hoffentlich Deine letzten Bedenken!"

Die Beschuldigte las diesen Brief und die be=
deutungsvollen Worte: „Ich vermag vor Aufregung
nichts zu schreiben und werde Euch mündlich erzählen,
was sich hier so plötzlich unerwartet zugetragen,"
diese Worte riefen denn auch bei dem Tantchen die

Ansicht hervor, die ihre Schwester hegte. Freudig wirthschaftete sie Nachts in der Küche, traf Vorbereitungen zum glänzendsten Familiendiner, säuberte die Zimmer zum Empfang der Gäste, sah nach, ob auch Nichts an den Toiletten der Schwester und der Nichten mangelte und konnte Morgens beim Frühstück der gähnenden Generalin die Antwort geben, welche die Losung ihres Lebens zu sein schien: „Alles besorgt, Alles fertig, liebe Leonore!"

Die durch Jahre lange unerhörte Anforderungen gestählten Nerven des alten Tantchens erlitten aber fast eine Erschütterung, als ihre an Ideen so reiche Schwester lebhaft entgegnete: „Wie lieb ist mir, daß Du so weit bist, liebe Clotilde, denn mir ist über Nacht der glückliche Einfall gekommen, unser liebes Brautpaar, das uns zu überraschen gedenkt, ebenfalls zu überraschen und ihnen zu Ehren heute eine Soirée zu geben, die an Glanz Alicens kühnste Erwartungen übertreffen wird! Nur unsere nächsten Bekannten und hier ist die Liste."

Tantchen sah, daß auf der Liste über funfzig Personen standen, machte Einwendungen, behauptete, es ginge nicht, doch die von ihrer neuen Idee eingenommene Generalin sagte entschieden: „Diese Revanche gebe ich meiner guten Excellenz Basse und ihre gelben Töchter mögen denn heute Abend schwarz werden vor Neid, daß meine kleine Alice eine so brillante Partie macht und glückliche Braut ist."

Tantchen faltete ihre Hände und erwog, wie es möglich sei, die Wünsche ihrer Schwester zu erfüllen. Diese nahm ihr die Last des Nachdenkens ab, indem sie sagte: „Höre wie Alles zu machen! Der Bediente besorgt sofort die Einladungen, die Köchin schickst Du zum Conditer und Hoftraiteur und Du besorgst das Frühstück und Diner allein! Ich öffne den lieben Verwandten selbst die Thür, somit fällt es nicht auf, wenn Johann nicht da ist und Dich, liebe Clotilde, werde ich mit Migräne entschuldigen, wenn Jemand nach Dir fragen sollte. Auf die Weise geht es vortrefflich."

Tantchen sah ein, nichts dagegen machen zu können und zog sich mit ihrer Migräne in das Küchendepartement zurück, die Generalin und ihre Töchter eilten in ihre Ankleidezimmer, wo die Jungfern bereits ihrer harrten und machten, während Tantchen kochte, glänzende Toilette.

Die elfte Morgenstunde schlug — der Zeitpunkt, wo die Verwandten aus Arnau eintreffen wollten! —

Tantchen stand schwitzend am Herde und beobachtete
die Milch zur Chocolade, sie dachte unter Anderem
daran, wie es jetzt wohl oben in der Mansarde sein
würde, wo die Trauungsstunde Theodorens heran-
nahe und bedauerte, daß ihr die Zeit mangele, der
Braut den Glückwunsch zu sagen. Geräusch entriß
die Sinnende ihren Betrachtungen, sie hörte deutlich
Laute und herzliche Bewillkommnungsreden, wurde
neugierig mehr zu erfahren, öffnete die Küchenthür,
lauschte und vernahm nun die Worte: „Ich habe
die Ehre, liebe Tante, Dir meine Braut, meine
über Alles geliebte Braut, vorzustellen und wir kommen nach Berlin, um uns von ihrer Mutter den
Segen zu unserer Verbindung zu holen!"

Tantchen erschien die Gratulation ihrer Schwester
so lau, sie hatte sie sich als glückliche Brautmutter
anders gedacht; ein brenneriger Geruch, ein Zischen
machte aber ihrer Verwunderung ein Ende, — die Milch
zur Chocolade kochte über; hastig schloß sie die Thür,
um den Gästen den Vorgenuß des Frühstücks zu entziehen und widmete sich nun ganz der vernachlässigten
Milch, die ihre Freiheit mißbraucht. Auf dem Corridor wurde es still, man mußte in den Salon getreten sein, Tantchen malte sich Alicens Jubel aus,

da plötzlich vernahm sie von Neuem lautes Reden, sie hörte die Treppenthüren öffnen, wieder schließen, dann herrschte Todtenstille. Tantchen wunderte sich, daß Alice nicht zu der an Migräne Leidenden kam, sie wunderte sich bald noch mehr, daß Niemand nach ihrer Chocolade verlangte! Fast eine Viertelstunde dauerte ihre Geduld, dann verließ sie vorsichtig die Küche, schlich behutsam in ein Nebenzimmer und lauschte an der Portière. Sie sah, sie hörte das Unverhofftefte! — Die vermeinte glückliche Braut lag — in Thränen sich fast auflösend — auf einer Chaise longue.

Die Generalin von Wildenfurt, die ewig lächelnde Weltfrau, lächelte mitleidig zu den Thränenströmen ihres Kindes, lächelte auch, als Tantchen todesbleich hinter der Portière hervortrat, aber lachend, wenn auch gezwungen lachend, rief sie: „Unverhofft kommt oft, liebe Clotilde! Hugo hat sich mit Mamsell Agathe Harling verlobt, die schon vor Monaten in Schlesien seine Geliebte war. Geschickt hat er die hübsche Intriguantin seiner von Liebe zu ihm verblendeten Mama zugeführt, die arme alte schwachsinnige Frau für die unselige Mesalliance gestimmt und sie jetzt veranlaßt, mit ihm und seiner

Mamsell Braut in die Mansarde zu steigen, wo
man die Hochzeit der Schwester mit einem schle=
sischen Chirurgus oder Hühneraugenoperateur feiern
wird."

Was kümmerte die glücklichen Bewohner der
Mansarde, daß Frau Generalin von Wildenfurt
ihrem Zorn durch spitze Redensarten Luft machte!
Dort in den kleinen Räumen, die man vermittelst
grüner Tannen und Blumen in die reizendsten Laub=
hallen verwandelt, war nur Freude und Lust zu
finden! Dort stand die vom seligsten Glücke strah=
lende Agathe neben der bräutlich geschmückten Lieb=
lingsschwester und befestigte in den blonden Locken
der fröhlich plaudernden Thee jenen Schleier, in
den sie viel tausend Gedanken an den hineingestickt,
der damals ihr so fern und jetzt so nah stand, wie sie
nur zu träumen, nie zu hoffen gewagt, — jenen
Schleier, den sie unter Schmerzensthränen beendet
und nun mit Freudenthränen der Braut übergab!

Die alte Räthin Harling wollte noch immer nicht
an das Glück ihrer Agathe glauben, fortgesetzt Ein=
wendungen erhebend, „daß ihr Kind nicht in eine so
vornehme Familie passe", die Gräfin Wildenfurt
versicherte indessen immer von Neuem, wie zufrieden

sie mit der Wahl ihres Sohnes sei und wie Agathe jeder Familie die willkommenste Verwandte sein würde.

Die dritte Gruppe in den kleinen Zimmern bestand aus dem Bräutigam, dem Doctor Voigts, Marie Harling, deren Verlobten und dem Grafen Wildenfurt. Letzterer hatte seiner zukünftigen Schwägerin ihren Verlobten mit den Worten vorgestellt: „Unser neuer Prediger aus Arnau." Marie wollte Anfangs auch nicht an diese so plötzliche glückliche Wendung ihres Geschicks glauben, doch als ihr Bräutigam ihr erzählte, daß er vor zehn Tagen durch einen Brief des Grafen nach Arnau berufen sei, dort am Neujahrstage seine Probepredigt gehalten und einstimmig bei der Wahl zum Pfarrer erwählt worden, zweifelte Marie nicht mehr und Hugo von Wildenfurt wurde durch ihren warmen Dank hinreichend für die Mühe belohnt, die er gehabt, um in und um Arnau für den Candidaten Trautmann zu werben.

Doctor Voigts rief nach diesem Danke: „Konnte Etwas an meinem Hochzeitstage die Freude erhöhen, so das Glück, einen so edeln Mann zum Schwager zu bekommen, wie Du lieber Johann bist."

„Und zu meiner Freude würde es beitragen," entgegnete der Graf lachend, „wenn Du mich an mei-

nem Hochzeitstage mit meinem wirklichen Namen an-
redetest, bester Bernhard!"

„Ja, lieber Freund, ich will ihn jetzt zu erlernen
versuchen, denn solcher Namen verdient schon einige
Mühe! Nenne mir ihn denn und ich schreibe mir
ihn auf, noch ehe ich zum Altare trete und jeden
Tag werde ich ihn meiner geliebten Thee wie eine
Vokabel hersagen, damit ich ihn kann, wenn ich zu
Deiner Hochzeit nach Arnau komme."

Der Doctor zog seine Notiztafel heraus, der
Graf buchstabirte ihm langsam: „Hugo von Wildenfurt" vor, und als er die letzte Sylbe geschrieben,
dann das Ganze überlas, schloß er mit zufriedenem
Lächeln das kleine Buch und sagte triumphirend:
„Nun sind wir geborgen, jetzt werde ich nicht vergessen, daß Du: „Joseph von Hildenstern" heißt!"

Das heitere Lachen der Hochzeitsgesellschaft be-
endete der Ernst der nahenden Stunde. Der erste
Schwiegersohn Frau Harlings segnete die Ehe des
Doctors und Theodorens ein und als die feierliche
Handlung vorüber, die Glückwünsche gesagt, machte
von Neuem die frohste Stimmung der ernsten Platz.

Die einzigen Personen, die sich bei diesem kleinen,
aber so schönen Familienfeste nicht ganz wohl und

behaglich fühlten, waren der Professor der Geogra=
phie, Agathens alter Verehrer, und dessen junge
Frau. Er seufzte und stöhnte oft laut, wenn sein
Blick von Agathen auf die bessere Hälfte seiner Seele
fiel und er bedachte, was er einst erstrebt und was
er jetzt errungen. Es herrschte allerdings kein gerin=
ger Unterschied zwischen Beiden, Agathe trug ihres
Verlobten erstes Geschenk, ein Kleid von lichtblauem
Seidenstoffe und einen köstlichen Perlenschmuck. Wie
schön auch der sie so sehr kleidende Anzug war, jeder
Blick haftete nur an ihrem von Freude und Glück
verklärten Antlitze, das noch Niemand so schön,
so strahlend gesehen, als eben Der, welcher diesen
Ausdruck am Sylvesterabend hervorgerufen. Die
alte Frau Professorin bildete eine traurige Folie zu
dieser glänzenden Erscheinung. Sie trug ihr Hoch=
zeitskleid, das Farbe zwischen den Farben des Lehms
und der Butter hielt und dieser gelbe Schein cor=
respondirte wunderbarer Weise zu ihrem Teint, den
langjähriger Neid, langjährige Bosheit so gefärbt.
Mitunter verdeckte tiefe Zornesröthe diese ursprüng=
liche Gesichtsfarbe, es war in den Fällen, wo Frau
Friederike die Seufzer ihres Herrn und Gemahls
hörte, die Blicke sah, mit denen er ihre einst so ge=

haßte und noch immer nicht geliebte Nebenbuhlerin
betrachtete. Diese Seufzer und sein melancholisches
Aussehen veranlaßten die Frau Professorin endlich
ihrer Schwester zuzuflüstern, daß ihr lieber Mann
zu leidend sei, um die ganze Hochzeitsfeier mitzu=
machen. Der arme gichtbrüchige Mann mußte denn
mit seiner Ehehälfte verschwinden und als er an
diesem Tage die Treppe an der Seite seiner Gemah=
lin herabstieg, wurde er nicht so sanft geführt wie
einst, als Fräulein Friederike in Hoffnung auf seine
Hand noch Rücksicht auf seine Füße nahm!

Niemand vermißte den Professor und seine Frau
bei der weitern Hochzeitsfeier, Niemand beklagte,
daß sie Beide einige Wochen später in Arnau an
Wildenfurts und Agathens Hochzeitstage fehlten. Die
Einsegnung der Ehe seines Gutsherrn gehörte zu
den ersten Functionen des neuangestellten Predigers
und nachdem er Agathen Wildenfurt angetraut, er=
reichte auch er das Ziel seiner langjährigen Wün=
sche und wurde mit Marie Harling vereinigt.

In ihrer glücklichen Ehe fand Agathe reichlichen
Ersatz für ihre freudlose Kindheit und ernste schwere
Zeit der Jugend. In Arnau, wo ihr Glück er=
blüht, dort blühte es auch fort und fort und an

seinem Gedeihen erfreute sich Niemand mehr als
die alte Gräfin Wildenfurt. Was diese nach vielen
vergeblichen Hoffnungen nicht mehr erwartet, hatte
sich plötzlich in der unverhofftesten Weise erfüllt,
in einer Weise erfüllt, wie das Mutterherz sich nur
im schönsten Traum als höchstes Ideal für den geliebten Sohn erträumt.

Versunken, untergegangen war Wildenfurts frü-
heres Leid und altes Weh in den vollen schäumenden
Becher der Seligkeit, die er in Agathens Liebe fand,
und gedachte er auch wohl manchmal seines verlo-
renen Jugendglückes, so war sein nächster Gedanke
inniger Dank gegen Gott, der sein Leben von Neuem
gelichtet und seinem Dasein Reize verliehen wie er
nicht geglaubt, daß die Welt noch haben könne, nachdem Amabel Hallyle von dieser Erde geschieden und
ihn in Schmerz und Verzweiflung zurückgelassen hatte.

In Arnau, wo den Besitzern das unverhoffteste
Glück begegnet, trug sich im Laufe der Jahre Etwas zu, das Niemand zu erleben gedachte. Der
alte David wurde auf seine ganz alten Tage red-
selig. Die schweigsame Periode seines Lebens ging
zu jener Zeit zu Ende, als der erste Enkel seiner

geliebten Herrin zu sprechen begann und seine An-
reden vorzugsweise an den treuen Diener des Hauses
richtete. Diesem Kinde konnte er nicht mit seinen
Sprichwörtern antworten. Diesem Kinde zu Liebe
konnte er Unmöglichkeiten leisten und so cultivirte
er denn plötzlich die Redseligkeit. Seine Aufopferung
für die neuerblühende Generation des Wildenfurtschen Geschlechts ging so weit, daß als in Knaben
und Mädchen sich der Sinn für Märchen entwickelte,
David alle Märchenbücher studirte, um die Wünsche
seiner Lieblinge zu erfüllen. Erzählte er auch immer etwas seltsam, aphoristisch, so war unter seinem kleinen Auditorium keine strenge Kritik und wäre
ein Demosthenes gekommen, um den alten David
auszustechen, er würde vergeblich erschienen sein!

Die Feindschaft der Wildenfurtschen Familie in
Berlin gegen ihre Arnauer Verwandten, die an dem
Tage begonnen, wo Graf Hugo Agathe Harling,
anstatt Alicen, als seine Braut präsentirt, währte
mehrere Jahre. Die Generalin hatte mit jener Chocolade zu viel Galle getrunken und das Lächeln, das
sie Abens in ihrer so gänzlich verfehlten Verlobungs-
soirée zur Schau tragen mußte, war ihr zu schwer
geworden, als daß sie die Qual so bald vergessen

hätte. Mit dem von Jahr zu Jahr kleiner wer=
denden Capital, das einst ihre Schwester gewonnen,
verminderten sich aber die Gefühle des Hasses gegen
ihre reiche Schwägerin und als der letzte Rest der
20,000 Thaler ausgegeben, da senkte sie auch den
letzten Rest von Zorn in Lethe und fragte bei ihrer
Arnauer Verwandten an: „ob Alice, die sich ewig
nach Agathen sehne, ihre liebe Cousine besuchen und
Olga sie begleiten dürfe.“

Alicens Sehnsucht nach Arnau hatte einestheils
darin ihren Grund, daß Herr von Bielow bisher
noch unvermählt war, anderntheils wurde ihr das
Leben im mütterlichen Hause immer unerträglicher.
Bei den beiden ältesten Comtessen Wildenfurt nahm
nämlich Nervenschwäche überhand, als alle Tänzer
und Verehrer sich verloren, die dritte, die von Ju=
gend auf Vorliebe für Thiere gehabt, ließ dieser
Leidenschaft vollständig freien Lauf als andere Pas=
sionen aufhörten, Bälle und Gesellschaften keine
großen Reize mehr für sie hatten. So wie die äl=
testen Töchter nun, auf Divan und Ottomane lie=
gend, ihre Nerven pflegten, nur Romane von Sue
und Dumas sie aus ihrer ewigen Lethargie zu rei=
ßen vermochten, eben so widmete die dritte Wilden=

furt ihre ganze Zeit Vögeln, Hunden und weißen
Mäusen und pflegte ihre Lieblinge.

Das Nervenleiden und die Menagerie en minia-
ture würden Olga und Alicen kaum aus dem Hause
vertrieben haben, denn sie waren den Tag über auf
den Promenaden und in Läden, Abend im Theater
oder in Gesellschaft, ihnen verleidete die Mutter den
Aufenthalt in Berlin, ihre Angst, Kummer und Sorge
waren die neuen Ideen der Generalin.

Die Generalin von Wildenfurt war nämlich, seitdem eine Diakonissin im Berliner „Bethanien" eine
brillante Partie gemacht, auf die Idee gekommen: ihre
beiden jüngsten Töchter in das berühmte, und wie sie
plötzlich fand „vortreffliche" Krankenhaus eintreten zu
lassen. Sie hoffte, sie würde bei Kranken größeres
Glück als bei Gesunden machen und traf nun langsam Vorbereitungen zu einem Wechsel ihres Lebens.
Die weltlich gesinnte Frau zog sich gänzlich vom
Schauplatz ihres bisherigen Wirkens zurück, besuchte
nur die Kirche, ging viel in Betstunden und zwang
auch ihre Töchter zu jener Schaureligion, die ihr
als Mittel zum Zweck dienen sollte. Niemand fühlte
sich über diesen neuen Feldzugsplan der Generalin
unglücklicher als Olga und Alice, die Opfer. Sie

fanden es amüsanter, sich eine gute Partie zu ertan-
zen als zu erbeten, sie wollten das Leben genießen,
so lange es ging und schauderten vor dem Gedanken
„Kranke zu pflegen." So gab es denn Scenen und
Kämpfe ohne Ende. Die beiden ältesten Töchter
sanken in Ohnmacht, wenn die Mutter Olga und
Alicen „laut" ermahnte und diese sich noch lauter
widersetzten, — die Papageien und Hunde der dritten
Comteß ließen es sich in solchen Fällen angelegen
sein, die Kranken durch Schreien und Bellen wieder
zum Leben zu erwecken und war der Act vollbracht, so
führten die zwei Nervenleidenden wenigstens den Beweis sehr klar, daß ihre Lungen' gesund waren. Eine
solche stürmische Familienscene endete eines Tages mit
Olgas und Alicens fester Erklärung „sich dem Ansinnen
der Mutter, sie zu Novizen zu machen" auf die Weise
zu entziehen, indem sie Erzieherinnen würden. Sprach-
los vor Ueberraschung starrte die Mutter ihre Töchter
an, die die Absicht hatten, der Familie solche „Schande"
zu bereiten. Als sie das Motiv hörte: „eine Partie
wie Agathe Harling machen zu wollen", lächelte die
welterfahrene Frau und antwortete ruhig, „Kinder,
das Glück der Erzieherinnen ist nur in Romanen, aber
nie im wirklichen Leben zu finden. Eine solche Hel-

bin ist den Autoren interessanter als den Männern der Welt und kommt unter tausend Fällen eine Ausnahme vor, so ist es immer nur eine unter Tausenden!"

Olga und Alice fanden, daß ihre kluge Mutter dies Mal Recht hatte, sie dachten es sei gescheiter, eine frühere Erzieherin zu besuchen, als selbst Erzieherinnen zu werden. — So kamen sie denn nach Arnau. Acht Jahre waren seit Alicens erstem Besuche vergangen und Vieles hatte sich in Arnau verändert, sie selbst aber war unverändert geblieben. Sie war noch dieselbe leichtsinnige gedankenlose Alice, die sie mit siebzehn Jahren gewesen, wenn auch noch jene hübsche, reizende und fröhliche Alice. Bedeutend hübscher wie Alice war Olga, doch eben so gehaltlos. Den Grafen berührte es unangenehm, seine Cousinen so wieder zu finden, zu sehen, wie der Einfluß der Jahre spurlos an ihren Charakteren vorübergegangen, es machte ihn traurig, daß bei diesen beiden äußerlich so begabten Mädchen nichts für die Ausbildung ihrer Herzen und Gemüther gethan, daß Beide durch die flache Alltäglichkeit ihres genußsüchtigen Lebens selbst so flach geworden. Er sprach oft ernst mit ihnen, überzeugte sich aber, daß diese ernste Sprache zu spät an ihrem Ohre ertönte.

Herr von Bielow, der zu der Zeit längst wieder Arnau besuchte und der gerngesehene Gast des Hauses war, wurde von Olga und Alice unendlich liebenswürdig gefunden. Beide machten ihm die Cour, trotzdem sie deutlich sahen, daß er sie gar nicht bemerkte und nur die Augen für Agathens jüngste Schwester hatte. Diese hielt sich mit ihrer Mutter einige Wochen zum Besuche im Arnauer Pfarrhause auf, war aber auch viel im Schlosse bei ihrer andern Schwester und dort sah sie Bielow. Bertha Harling war Agathen im Aeußern und Wesen sehr ähnlich und der Zauber, den diese einst auf Bielow ausgeübt, schien nun auf sie übergegangen zu sein. Bertha Harling zeigte sich für Bielows Neigung empfänglicher und erwiederte sein Gefühl zur größten Freude ihrer Schwester von ganzem Herzen.

Olga und Alice nahmen die Nachricht, daß der Besitzer von Haindorf sich mit Bertha Harling verlobt, ruhig auf — wenigstens äußerlich, tanzten fröhlich auf der Hochzeit, die bald nach der Verlobung Statt fand, kehrten aber dann mit der Gerichtsräthin Harling nach Berlin zurück. Ihnen war der Aufenthalt in Arnau zu still, — der alten Frau das dortige Leben zu geräuschvoll, sie sehnten sich nach Bällen und Theater, Jene nach ihrer kleinen Mansarde.

Die Generalin, der das Beten auf die Dauer langweilig geworden, begrüßte ihre heimkehrenden Töchter mit Freude, indem diese sie in die Welt, der sie so ergeben, auf gute Manier zurückführten.

Tantchen, die Zeit ihres Lebens Gott vor Augen und im Herzen gehabt und welche die Sinnes-änderung ihrer Schwester so beglückt hatte, — fand sich mit gewohnter Geduld und Ergebung in den abermaligen Wechsel; sie versuchte wohl, Schwester und Nichten von neuem kostspieligen Leben zurückzu-halten, doch ihre Stimme verhallte im fröhlichen Jubel, im lauten Treiben. Ihre Familie hatte nur Sinn für Glanz und Flitter, sie brachte ihr keinen Geschmack am gediegenen Golde bei und so führte denn die Generalin von Wildenfurt jenes trostlose Leben fort, das so viel Tausende führen und das für solche Menschen so lange den Reiz behält, wie die Mittel ausreichend sind sich Vergnügungen zu verschaffen.

Tantchens einzige Freude blieb ein Besuch der Mansarde. Sie erstieg noch lange nachher die Treppen, wo unsinnige Verschwendung ihre Schwester schon längst aus der ersten Etage jenes eleganten Hauses vertrieben und sie eine kleine Wohnung in einer Vorstadt hatten. Der weite Weg hielt Tantchen nicht ab, ihre alte Freundin zu besuchen, bei ihr sich Trost zu holen. Erleichterte sie ihr von Kummer übervolles Herz bei Frau Harling durch leise Klagen, so sagte diese wohl tröstend: „Verzagen Sie nur nicht, es kann noch anders und plötzlich besser werden, denn „unverhofft kommt oft!"

Tantchen schüttelte bei den Worten aber traurig den Kopf und in Rückerinnerung des einzigen Glücksfalls ihres ganzen langen Lebens, antwortete sie seufzend: „Ach nein, — unverhofft kommt nicht oft!"

Druck von Friedrich Andrä in Leipzig.